坪田式 算数授業シリーズ ④

問題づくり

坪田耕三 著

教育出版

【カバー作品】
服部みどり（造形作家）
大畑　俊男（写真家）

はじめに

　シリーズ第4冊目の『算数楽しく　問題づくり』をようやくつくることができた。これまでに書いたシリーズ①『算数楽しく　授業術』は，算数授業の基盤になる共生・共創の精神が授業づくりに大事であるという主張に基づくものであった。つづく，シリーズ②『算数楽しく　ハンズオン・マス』は，論理的・抽象的な算数の学習の中にも，肌で感じるという体験感覚が重要であるという主張であった。学習指導要領の目標に掲げられている「算数的活動」がまさしくこれに合致するものである。さらに，シリーズ③『算数楽しく　オープンエンド』では，答えが1つではない算数があってもよいのではないか，それが子どもの創造性を育成するのだといった高次な目標達成を望む授業の紹介であった。
　そして，このシリーズ④『算数楽しく　問題づくり』も，やはり算数授業の新たな広がりを期待するものなのである。これにかかわる活動についても学習指導要領解説には，目標の解説部分に授業改善の方策がいくつか紹介されている。例えば「解決した問題からの新しい問題づくりなどの発展的な活動等々を通して，児童が活動の楽しさに気付くことをねらいとしている」と述べて奨励しているところである。
　一般に算数の問題は，教科書や問題集などのどこかにあって，それを教師から提出され，教室では子どもが解く技法を学ぶものだという固定観念がある。「問題づくり」の活動はその固定観念を覆すものとして提案している。
　算数の問題も子ども自身がつくることができるのだという体験をする。全くはじめから問題をつくるというのではない。まずは1つの問題を解く。そして，それで終わりにはしない。次にそこから発展させるのである。
　「もしも，この問題の数が変わったらどうすればいいのか」，「図形が違った

ものであっても同じ考え方で対応できるのか」,「逆に考えて見たとき,答えがわかっていて条件の部分を導くとしたらどんな問題になるのか」,「平面が立体になっても同じことがいえるのか,それとも新たな状況が生まれるのか」等々,自ら問題を変形して,いつでも解けるにはどうしたらよいのか,類推して考えるときに条件はこのままでよいのかと,新たな数の世界,図形の世界を広げていくことになる。場合によっては,答えは果たしてあるのかないのか,なければどうやって同じ世界がつくれるのかといった様々な問題意識が生まれるようになる。

　本当に「考える」ということがどのようなことなのかを体験するにふさわしい活動がたくさん起こる。算数の「活動」そのものである。きっと算数の世界で尽きない面白さを感じることだろう。

　そして,このような授業は,意図して行うこともあれば,またその精神を生かしつつ平素の授業の質を上げていくこともあり,どちらも大事なこととなる。

　小学校の学級定員は35名になりつつある。若い教師も増えつつある。子ども一人一人をしっかり見てやるゆとりがほしい。子どもの考えていることが手に取るようにわかる教師は少ない。この「問題づくり」の活動は,子どもをじっくり見るのにとってもよい活動となる。本書に書いた意図をくみ取っていただき,これからの算数授業改善の一助にしていただければ幸いである。

　本書作成には時間がかかった。現場教師として,東京の公立小学校に15年,筑波大学附属小学校に副校長時代も含めて22年,そして,そのまま筑波大学に異動して4年となり,本年で教師生活41年となった。シリーズ③の発刊以来,忙しさにかまけて原稿執筆が延び延びになってしまった。教育出版の編集部には大変にご迷惑をおかけした。根気強く待っていただいた阪口建吾氏,岸川富弥氏には深く感謝するのみである。読者諸氏には,日々の授業でこの実践の一つでも参考にしていただければ本当にありがたいことである。

2012年1月　坪田　耕三

目　次

はじめに 3

Ⅰ.「発展的に考える」ことの授業 ─────────── 9

Ⅰ-1 「発展的に考える」こと
教科書をふくらませて学ぶ 10
さんすうコラム①　正三角柱の展開図 11

Ⅰ-2 子どもの考えの具体
発展的扱いの授業 12

Ⅰ-3 子どもが問題をつくることの意義
なんのための問題づくりか 21

Ⅱ. 算数授業で大切にしたいこと ─────────── 23

Ⅱ-1 子どもに寄り添った授業
伝達型の授業から創造型の授業へ 24

Ⅱ-2 授業で大切にしたいこと
みんなで学ぶことの面白さ 32

Ⅲ.「活用力」を考える ─────────── 45

Ⅲ-1 活用力とは何か
6つの力 46

Ⅲ-2　深める（発展）力
　　　問題を解くことから問題づくりへ 55

Ⅲ-3　広げる（応用）力
　　　もっといろいろな知識を求めて 63

Ⅲ-4　つなげる（関連）力
　　　新しいものを見つけるために 71

Ⅲ-5　使える（適用）力
　　　感動の出会いからの出発 80
　　　さんすうコラム②　「正多面体」は，いくつある？ 84

Ⅲ-6　創れる（創作）力
　　　ハンズオン・マスの活動 85

Ⅲ-7　読める（分析）力
　　　「条件」と「答え」からの見直し 93
　　　さんすうコラム③　五円玉の話 101

Ⅳ．問題づくりの授業について ——————107

Ⅳ-1　問題づくりの方策12
　　　実践にあたっての留意点 108

Ⅳ-2　問題づくりの精神を生かす授業①
　　　式に表したり式を読んだりする活動
　　　（1年＊数に対する豊かな感覚）128

問題づくりの精神を生かす授業②
九九表からきまりを見つける
（2年＊探究的な活動）135

問題づくりの精神を生かす授業③
正三角形を使ったものづくり
（3年＊ものづくりの活動）141

問題づくりの精神を生かす授業④
複合図形の面積を求める問題
（4年＊日常事象との関連）149

問題づくりの精神を生かす授業⑤
同じ面積の四角形を作る
（5年＊問題づくり）156

問題づくりの精神を生かす授業⑥
立体の対称
（6年＊探究的な活動）164

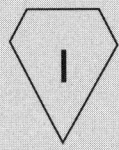

「発展的に考える」ことの授業

I-1 「発展的に考える」こと
■教科書をふくらませて学ぶ

　算数の授業では「問題を解く」という活動が常識である。あるいは「問題を解けるようにする」というのが目的になるのが当たり前だと思われている。

　しかし，算数の授業はそればかりではない。子ども自身が「問題をつくる」のも授業だ。あるいは「自らつくった問題に挑戦する」とか，「つくられた問題の不備を修正する」活動も授業だ。こう言ったら少々意外な感じがするだろうか。だが，これこそが本当に「考えることの教育」になると思う。

　ここでは，子ども自身が「問題をつくる」という活動を積極的に進めていける授業を，平素の授業の中に組み込んでいくことを奨励したい。

　「子どもが問題をつくる」という活動は，直接的には「問題づくり」とか「作問」とかいったイメージをもたせる。

　しかし，ここでは直接的な「問題づくり」はもちろん，その発想を平素の授業の中にももち込んで，常に問題を「発展的に考える」という意識をもった活動を考える。

　具体的には，1つの問題を解いたならば，それで終わりとせずに，次の一歩へ踏み込む。

　「もしも数値が変わったらどうなるのだろう」と疑問をもったり，「もしも三角形が四角形に変わったら，このことは成り立つのだろうか」と考えたりする。また「平面図形だったものは立体図形でも成り立つのだろうか」と類推して考えもする。あるいは「この問題を逆に構成したら答えは1つに決まるのだろうか」などなど。

こうすると，1つの問題が様々に広がっていく可能性がある。

そして，このことをいつも意識し，「問題づくり」として特別な授業を設定するのではなく，このような考え方が身についていれば，普段の授業の中でも，この態度で次々と質問が登場することになる。

「いま，$\frac{1}{4}$でやったことは，$\frac{1}{3}$の場合にも成り立つものでしょうか」などといった質問が登場すれば，これがまたクラスの授業の中で新たな問題となり，考える内容の幅が広がっていく。これはまさしく算数的な活動そのものである。

これを「発展的に考える」ということにしたい。

さんすうコラム ①

正三角柱の展開図

　立方体の展開図は，よく教科書にも挙げられている。11種類あることはよく知られている。このように展開図が多様にあることについては，他の立体についても同様なのだが，実際にはなかなか時間がなくて扱わない。子どもの探究心を培う活動を奨励するならば，「正三角柱」についても考えさせると面白い。たかだか9種類ほどのものなので，仲間で考えれば文殊の知恵でそんなに時間をかけずに見つかるであろう。

　そして，できあがったら，今度は図形を見る視点を変更して，「対称性」という視点から，これを分類してみるのも面白い。「線対称な図形（A）」「点対称な図形（B）」「線対称でも点対称でもある図形（C）」「どちらでもない図形（D）」といった具合である。立体を見る目が徐々に深まっていく。

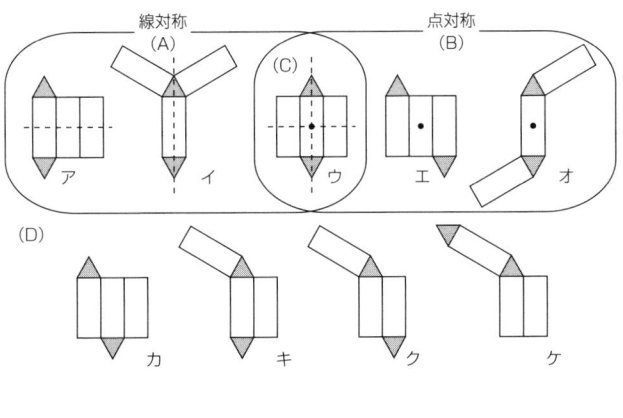

I-2 子どもの考えの具体
■発展的扱いの授業

 「2位数×1位数」の問題から

具体的に子どもはどのように考えを進めていくのか。

3年生が実際に考えたことをたどってみる。

3年生の学習内容に、「2位数や3位数に1位数をかけたり、2位数に2位数をかけたりする乗法の計算の仕方を考え、それらの計算が乗法九九などの基本的な計算を基にしてできることを理解すること。また、その筆算の仕方について理解すること。」（学習指導要領算数第3学年A（3）ア）がある。

この内容にかかわって、「2位数×1位数」の問題解決がある。

「はじめの問題」は次のようである。

はりがねがあります。
これで、正三角形を作ります。
1辺の長さは36cmです。
まわりの長さは、何cmになりますか。

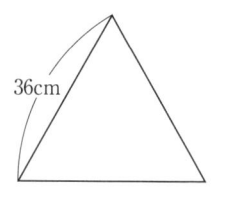

この問題には、辺が何本かということは書かれてない。しかし、それは「正三角形」を作るということから、この形の性質で判断しなければならないことになる。正三角形は「同じ長さの3本の直線で囲まれた形」なのであるから、当然、辺の数は「3」ということになる。また、このことは、問題に添えてある図によっても判断できる。

実際の授業では，このことを確認するために，あえてはじめから図を提示せずに，この問題の解釈をする段階で子どもに板書させる。この活動で全員が納得していく場をつくっていくことが，授業の工夫としてなされることだろう。
　そして，この問題は次のような式で解決される。
　　式　　　36 × 3 = 108
　　答え　　108cm
さて，この問題を解決して，そのまま終わりとしない。
「もしも，この問題を変えていくとしたらどんな問題がつくれるだろうか」
と問いかける。

発展的に考える活動の問いかけ

　問いかけ方は，もっとアレンジしてよい。学級の実態にも合わせなければならないし，このような経験があるかないかでも変わってくる。
　これまで，実験的にいくつかの授業を行った結果，次のような例が見つかる。整理して提示すると次のようになる。
　はじめに解決する問題のことを「原題」ということにする。
　問題を発展的に考えさせようとする意図があっての発問だから，直接的な意図は「原題　から出発して　発展的に考えられる　問題を　考える」ということになる。

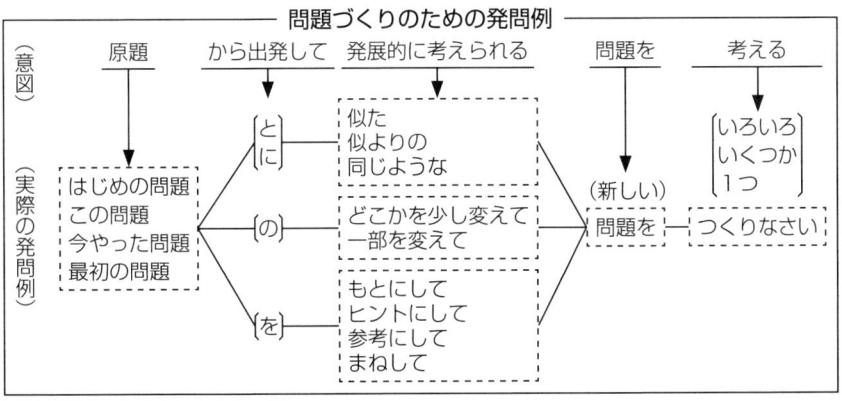
問題づくりのための発問例

発展的扱いの授業　13

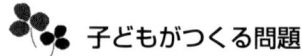 子どもがつくる問題

　このような問いかけに対して実際に子どもがつくる問題を整理してみると次のようになる。

　教師は，このような内容を熟知しておくことが肝要である。

①数値に着目して問題をつくる

> はりがねがあります。
> これで，正三角形を作ります。
> 1辺の長さは48cmです。
> まわりの長さは，何cmになりますか。

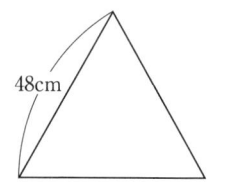

　この子どもがつくった問題は，1辺の長さを変えている。

　したがって，問題の仕組みははじめのままである。

　だから，この新たな問題を解くには，はじめの問題で解いた方法がそのまま使えそうである。「36×3」とした式の「36」を「48」に入れ替えて，「48×3」とすればよい。

　この手の問題をつくる子どもは多い。

　しかし，もしも，これが「108cm」に変わったとしたら状況は簡単ではなくなってくる。「3位数×1位数」の式になる問題に変わるからだ。3年生にとっては一つステップアップの問題である。

　無意識にこのような問題をつくったとしても，解くことは容易ではなくなる。

　つまり，問題をつくることはたやすいが，解く段になると，よく考えなければならなくなる場面が発生したということだ。

　子どもがつくった問題によって，次の学習場面が設定できるよい例でもある。

②事物に着目して問題をつくる

> ひごがあります。
> これで、正三角形を作ります。
> 1辺の長さは36cmです。
> まわりの長さは、何cmになりますか。

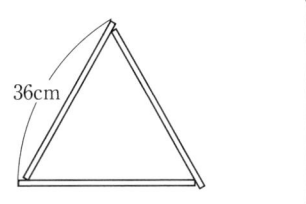

　この問題は、算数構造は何も変わっていない問題であるが、子どもの問題としてはよく登場するたぐいの問題である。

　「はりがね」が「ひご」に変わっただけである。

　「ひご」などという道具は、実際に工作などで使わないと知らない代物ではあるが、この子は知っていたということになる。ちょうどころあいの長さでもあり、どれも同じ長さになっているというところがポイントにもなっている。

　登場する「事物」が変わっただけなのだから、一般には算数の問題解決自体に影響を及ぼすことはない。この場合でも「36×3」の式となって、はじめの問題と同じである。

　しかし、子どもがつくるこの手の問題では中身を吟味しなければならない場合もある。

　一つには、「物」を変えることによって、数値の「単位」や「数え方」などに影響を及ぼすことがある。

　特に、登場する事物が、分離量であるか連続量であるかによって、うまく分けられる問題になるのか、それができない問題になるのかといった吟味が必要になる。

③形を変えて問題をつくる

> はりがねがあります。
> これで，正六角形を作ります。
> 1辺の長さは36cmです。
> まわりの長さは，何cmになりますか。

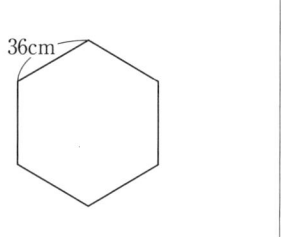

　3年生では，正式には「正多角形」が教える内容として置かれていないのだが，「正三角形」という形からの類推として「正六角形」が登場してもおかしくない。

　ちなみに，2年生で「三角形」「四角形」という概念を学習するのだが，ここでも，それからの類推で「五角形」「六角形」……などという形の概念が学習されてもよい。

　ここでは「正六角形」が，「辺の長さも内角の大きさも同じ多角形」とするきちんとした概念の形成がなくても，辺の長さが等しいという条件の確認があれば，この問題の解決に迫ることはできる。

　当然，「36×□」の，□が「3」だったのが，ここでは「6」になるという理解である。これはどちらにしても「2位数×1位数」の範囲である。

　ここまで，あえてはじめの問題の部分を変えた子どもの問題を紹介したが，現実には，様々な子がいて，このように単純に1か所のみを変更する場合は少なく，数値と事物を一緒に変更したり，数値と形を同時に変更したりというように複雑に入り組んだ問題を作成することが多いことは承知しておきたい。

④平面から立体に類推した問題をつくる

> はりがねがあります。
> これで、立方体を作ります。
> 1辺の長さは36cmです。
> まわりの長さは、何cmになりますか。

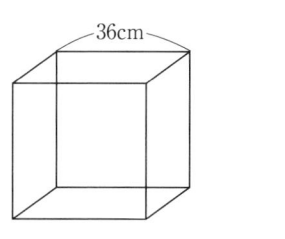

　この問題でも、3年生では「立方体」という立体の名称は学習していないので、「さいころの形」といった表現で現れることが多い。

　この問題の仕組みはどうなっているか。この問題自体は「正三角形」が「立方体（さいころの形）」に変わっただけだから、簡単につくれる問題ではある。

　しかし、これを解くことになれば、これは未習の問題となる。

　なぜならば、これまでは「2位数（3位数）×1位数」の範囲であったのだが、この立方体の辺の数は「12」本であるから、この問題は「38×12」となって、「2位数×2位数」の新たな段階の問題に変わるからである。

　子どもにとって、「1位数をかける」かけ算と、「2位数をかける」かけ算とは質的に異なる問題だ。

　これも子どものつくった問題から、新たな学習の材料が生まれることになり、これが教室のみんなの問題として認識されれば、より効果的な学習が展開されるに違いない。

⑤組み合わせた問題をつくる

> はりがねがあります。
> これで，正三角形と正方形を作ります。
> 1辺の長さは36cmです。
> それぞれ2個ずつ作ります。
> まわりの長さは，どちらが何cm長くなりますか。

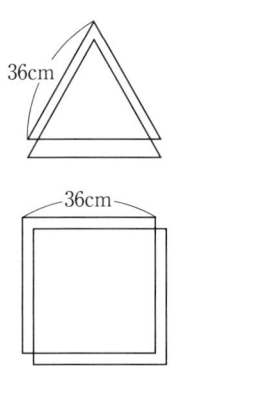

　これなどは，正三角形と正方形の2つを組み合わせた問題を設定しているのである。一つずつの比較であれば当然正方形のほうが辺の数が多いから長くなるのは当たり前となるが，これをそれぞれの数が異なるように設定すれば，計算や他の工夫が必要になってくる。いろいろな思考を要する問題に変わってくる。

　この場合は，「それぞれ2個ずつ」と同じ数ずつであるから，ちょっと考えれば，1個ずつのときより正方形のほうがますます長くなってしまうことは明らかである。

　これを解く式は「$36 \times 4 \times 2 - 36 \times 3 \times 2$」となり，$36 \times 2 \times (4-3) = 36 \times 2$（cm）だけ長くなるということがわかる。

　この問題を取り上げると，子どもの中から「この問題は，正方形が長いということがすぐにわかるから，問題としてあまり面白くない」といった意見が出た。「では，どんな問題が面白いのか」と問い返すと，「いくつかつくっていくときに，どちらも同じ長さになるときがあるかもしれないので，そのようなときは，いくつつくったときかを考えるのがいい」と言った。まわりのみんなも，それは面白そうだという感触を示したので，これを考えてみることになった。

この問題を文章化すれば，次のようになる。

> はりがねがあります。
> これで，正三角形と正方形を作ります。
> 1辺の長さは36cmです。
> それぞれいくつかずつ作ります。
> まわりの長さの合計が，どちらも同じ
> になるのは何cmのときですか。

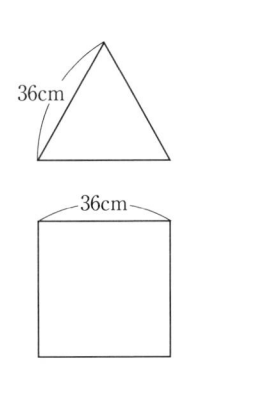

「36×3×□ ＝ 36×4×○」の式が成り立つ，□と○を探す問題になった。
一片の長さは36で同じなのだから，「3×□ ＝ 4×○」として考えてもよいということがわかる。

直感的に求められる答えは「3×4 ＝ 4×3」である。あとは，この倍数が答えになるのだが，3年生は，この答えが求められればよいだろう。

このように，みんなで知恵を合わせることで，問題が次々と広がっていくところに面白い算数の内容がたくさん含まれているのだということに気付く体験が大事なのである。

⑥逆の仕組みにして問題をつくる

> はりがねがあります。
> これで正三角形を作ります。
> まわりの長さは全部で108cmです。
> 1辺の長さは何cmですか。

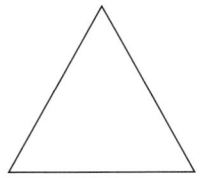

発展的扱いの授業 19

このように問題の条件と答えの部分が逆に構成されている問題では，演算の仕組みが変わってくる。かけ算がわり算になってくるのである。

　ここでは，3位数÷1位数で解く問題である。「108÷3」で解く問題だ。2位数÷1位数の発展問題ではあるが，実際にはこの内容は4年生の範囲の学習であり，わり算の筆算が学習されていなければできない問題であろう。学習指導要領では，第4学年A（3）ア「除数が1位数や2位数で被除数が2位数や3位数の場合の計算の仕方を考え，それらの計算が基本的な計算を基にしてできることを理解すること。また，その筆算の仕方について理解すること。」とあるが，これに該当する。

⑦同じ仕組みで別の場面の問題をつくる

> えんぴつをふくろに入れました。
> 1つのふくろに36本ずつ入れました。
> ふくろは3個ありました。
> えんぴつは全部で何本ありましたか。

　このような問題をつくれる子は，はじめの問題の仕組みが，かけ算として一般化されているとみてよい。問題の意味がしっかり定着されている。このような問題を見ながら，はじめの問題と何が共通しているのかを吟味していく活動があるとよい。

　この場合は，袋に入れた鉛筆の数が，はりがねで作る正三角形の1辺の長さに置きかえられている。そして，辺の数が袋の数に置きかえられていると見られる。つまり，数やその構造（仕組み）を固定して，それに合う日常場面を設定しているということになる。骨組みが同じで衣装が異なる問題である。

I-3 子どもが問題をつくることの意義
■なんのための問題づくりか

このように子どもが問題をつくるという活動のよさは何か。
特にめだって取り上げられるものは次の4点であろう。

(1) はじめの問題（原題）がよくわかる。
(2) 算数的活動が自然にできる。
(3) 個に応じた活動となる。
(4) 子ども同士の話し合いが活発になる。

これらのことを解説するならば次のようである。

(1) はじめの問題がよくわかる

　子どもがはじめにある問題を解決する。そしてそこから発展して考えていける問題をつくりだす。

　この活動は，「解く」「つくる」「解く」「つくる」……といった連続的な活動となっていく。この繰り返しの中で，子どもは徐々にはじめの問題の仕組みをはっきりと捉え，定着できるようになる。

　もしも，子どもが自由に考えた問題の中に「逆の仕組みになっている問題」があった場合，それに目が向けば，はじめの問題の仕組みを直接考えざるを得ない場面となる。

(2) 算数的活動が自然にできる

　一つの問題をもとにして,そこから発展していく問題を考えるという活動は,時に帰納的な考えや,一般化の考え,あるいは類推的な考えなどを自然に呼び寄せられる。このような数学的な考え方のいくつかを自在に用いる活動は,算数的活動そのものといえる。

(3) 個に応じた活動となる

　「問題をつくる」という活動そのものは,めいめいが異なった問題をつくっていくわけであるから,まさしく教師の側からは個に応じた対応をしなければならない。

　どんな子どもも力量に応じた精一杯の活動をする。

　また,子どもがつくった問題を利用することで次の活動を設定すれば,進んだ子には進んだ子なりの,やや遅れ気味の子にはそれなりの問題を与えることもできる。個に応じた対応を自然な形で行うことができる。

(4) 子ども同士の話し合いが活発になる

　子どものつくる問題は教科書に書いてある問題のように洗練された文章でつくられているわけではない。

　つくられた問題を子ども同士で吟味していく活動は,当然意見の交換が活発になる。与えられた問題という意識ではなく,自分らがつくった問題だという身近さを感じるからである。

　友人のつくった問題を見て,自分の問題のつくり方に対する修正を加えたり,自分のつくった問題の価値を改めて感じ取ったりすることができるのである。

算数授業で大切にしたいこと

II-1 子どもに寄り添った授業
■伝達型の授業から創造型の授業へ

 子どもは魅力ある存在

　授業に臨む心構えとしてまずもって必要なことは,「**子どもはそもそも魅力ある存在なのだ**」という教師自身の意識である。

　教師は知識豊かな存在であって,その一端を子どもに分け与えるのが授業で,子どもにはその知識をただ覚えてもらうことが大切だ．だから,素直によく聞いて,しっかりと暗記していくことができる子どもがもっとも優れた学び手だと考えている指導者は多いのではないだろうか。近頃,いろいろなところで「教えて考えさせる授業」などという言葉を耳にする。しかし,この言葉の裏に感じられるのは,やはり子どもは何も創造できない存在であり,教師こそが教えるべきことを熟知していてそれをただ伝達していけばよいという思想である。

　算数でいえば,はじめから計算の仕方を教えて,あとは訓練あるのみといった授業だ。

　これは「伝達型」の授業である。

　目的は計算の答えが正しく求められることにあって,それ以上のものは眼中にないのである。

　学習指導要領には「**計算の仕方を考えること**」がうたわれているのである。子どもが自ら計算の方法まで考えることに**創造性の基礎**が育成されるとする思想がある。

　その意味で,これからの時代の授業はますます「**創造型**」になっていかなければならないと考える。

そのために，授業者がもってほしい意識は，子どもはそもそも魅力ある存在なのだということである。
　私の体験から一例を示すならば，次のようなことがあった。
　立方体の面の関係に学習が及んだときのことである。黒板に立方体の見取り図を描き，その右に十字架状の立方体の展開図を描いた。そして，立方体の底面を色づけし，同時に展開図の真ん中の面（ア）を色づけして，「この（ア）の面が底の面だとして，この面に『垂直』な面はどれでしょうか？」と問いかけた。

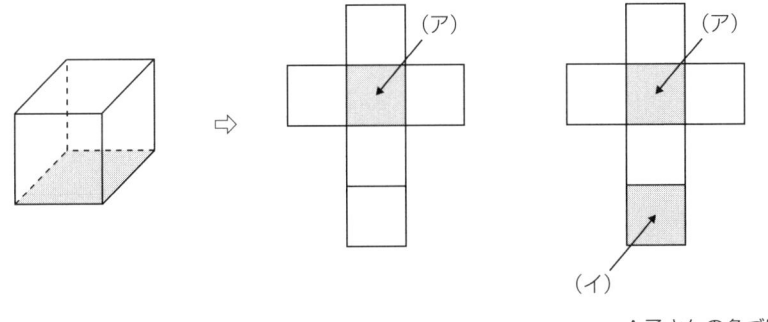

A子さんの色づけ

　すると，多くの子が手を挙げたので，A子さんを指名した。
　その子は黒板の前に出てきて，黙って展開図中の一番下の面（イ）に色づけを始めた。
　私はこの瞬間，「ああ，この子は『垂直』と『平行』の用語の意味を取り違えているな」と感じ，「このあとでみんなと一緒に訂正をして確認をしなければならない」と思った。
　案の定，教室もざわざわし，ほかの子も同じことを感じたらしい。
　しかし，A子さんは，この面（イ）に色を塗り終えるなり，やおらこんなことを言ったのである。
　「この面以外全部です」と。
　この言葉を聞いた私も，教室の仲間もあっけにとられたことは言うまでもな

い。この言葉のとおり，立方体には指定された面に垂直な面は4つあり，残り1個が平行な面なのである。だから，この問いに対して，「(ア)の面と垂直な面は，これと，これと，……」と4つの面をすべて指示して答えるよりも「この1つの面以外の4つの面すべてが，(ア)の面に垂直になるはずである」という言い方のほうが簡潔で，考え方を変えれば，非常に優れた言い方ともいえるのである。

　一般には「どれですか？」という問いなのだから，「これです」と言うべきところではあるが，ここでは異なるほうを示して，残り全部がそれだと答えている。柔軟に考える力があればこその発想である。

　この言い方で，ほかの展開図を考えるとなおさらよさがわかる。

　この図の場合，(ア)を底面とすれば，1つ間をおいた(イ)が平行面であり，それ以外すべてが垂直面となる。

　この子はなにげなくそれを言ったのかもしれないが，この一言は教師も仲間をも驚かした。

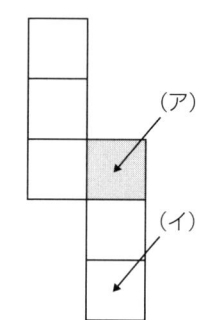

> 「伝達型」の授業に傾斜すると、教師は「答え方の型」を子どもに教え込むことになる。しかし、子どもを「魅力ある存在」として捉え、「創造型」の授業を展開すれば、子どものよさに気付くことができるのである。

　もう一つの例を示そう。実際に見た授業公開の一場面である。

　新しい学習指導要領では「分数」の扱いを第2学年から素地的扱いとして始める。「$\frac{1}{2}$，$\frac{1}{4}$など簡単な分数について知ること。」(A (1)オ)である。解説書によれば，「折り紙やロープなどの具体物を半分にすると，もとの大きさの$\frac{1}{2}$の大きさができる。…」のように折り紙を折って作るハンズオン・マスの活

動が奨励されている。

　ある学校で早速,「折り紙を折って, $\frac{1}{4}$の大きさを作る」という授業が展開された。

　私の予想では, 次のような折り方があるだろうと考えたのだが, こんな折り方はあっという間に発表されてしまった。

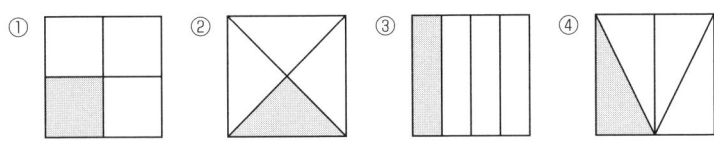

　子どもは, このようなものとは違った$\frac{1}{4}$をたくさん作って発表した。
例えば, 次のようなものである。

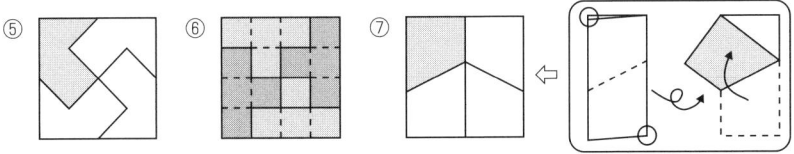

　当然, 指導の教師は「⑤のようなものが, なぜ$\frac{1}{4}$といえるのか」と問いかけた。子どもは「切って重ねれば4枚が重なります」と言って, 実際にやって確かめた。⑥のような発想は「テトリス」などで遊んでいる子の発想であろう。これも実際に切って重ねていた。

　⑦のような折り線がどうしてできるのか不思議であったが, 子どもの発表では「まず半分に折って, それから端と端をくっつけるようにして折ります」と説明していた。これも驚くべき発想である。$\frac{1}{4}$ずつの台形になっている。

　さて, 私がもっともびっくりしたのは, 後ろのほうに座っていた女の子が考えていたことである（⑧）。矢羽のような形に色を塗って, 黙って首をひねっ

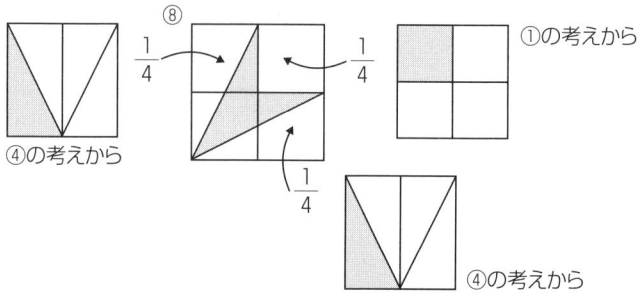

ていたのだが，結局発表できずじまいで，あまり自信がなさそうでもあった。教師も見て見ぬふりをして席のかたわらを通りすぎていった。

授業が終わってから，私が「どうして，その形が$\frac{1}{4}$だと思ったの？」と聞いたら，小さな声で「四角が$\frac{1}{4}$で，上と下の三角が2つとも$\frac{1}{4}$でしょ。これは，前に発表がありました。だから，残りは$\frac{1}{4}$だと思ったの」と答えてくれた。

「全体の1から$\frac{3}{4}$をひいた残りは$\frac{1}{4}$になる」ことを説明しているのであった。合同な形から脱却して，面積の$\frac{1}{4}$を考えていたことになる。このような考えは秀逸である。

たった2つの例ではあるが，教室でのこのような体験は，子どもが魅力のある存在なのだということを表していると思う。

このようなことを前提に授業を考えることがまずもって大切なことである。

子どもがもっている欲求にそった授業を

子どもは，そもそも「**考えたい**」（思考の欲求），「**知りたい**」（知識の欲求），「**やってみたい**」（体験の欲求）という欲求をもっている。

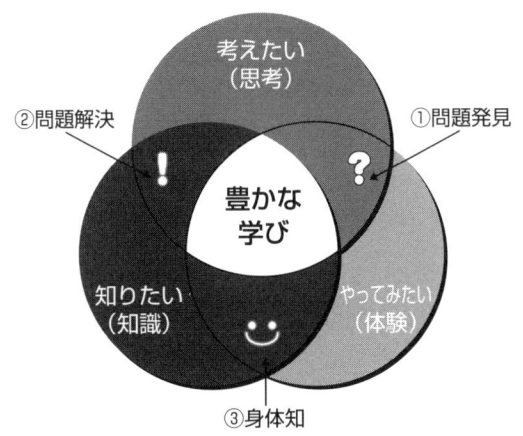

　これらの欲求に応じた授業が行われることが大切であると考える。

　何かちょっとしたことを「やってみる」。そのことによって「なぜだろう」という疑問がわき起こる。**「問題発見」**（①）である。

　すると，どうしても，その「なぜ」を追究したくなる。あれこれと追究するうちに「なぜ」のわけが明確になってくる。きちんとした説明がなされる。「なるほど」と納得する。**「問題解決」**（②）である。

　自ら追究し感得した知識は，体で覚えた忘れがたいものとなって残る。これが**「身体知」**（③）といえるものである。

　この一連の活動が上の図に示したもので，このようなことができれば，これこそが**「豊かな学び」**となろう。

　簡単な例を示そう。

　「長方形の紙を使って，対角線を折り目にして折ってみよう」と投げかける。身のまわりにある紙はほとんどが長方形なので，手元にある紙で実際にやってみる。

　簡単そうで意外にうまく折れない。正方形の折り紙であれば簡単に折れるものが長方形になっただけで難しくなる。まして新聞紙のような大きな紙であったり，画用紙のような厚紙であったり，規格の半分になったような長細い紙であればもっと難しい。中程がふくらんでしまったり，端がきちんと揃わなかっ

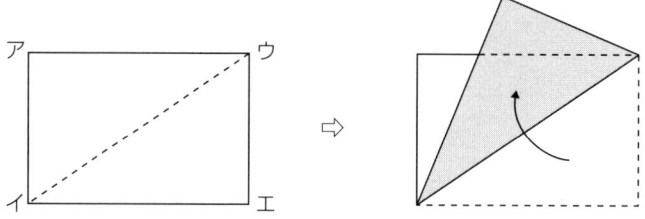

たりするのである。

　このような長方形の対角線を上手に折る方法を教えよう。子どもが「**なぜ**」と思うきっかけをつくるのである。

　まず，折りたい対角線の端の頂点同士（頂点イと頂点ウ）をくっつけるように折る。これは頂点を重ねるので簡単にできる。

　次に，ここにできた折り目の線が重なるように折るのである。これは「直角」の学習をするときに，紙を折って「直角」を作る作業としてどんな子も体験し

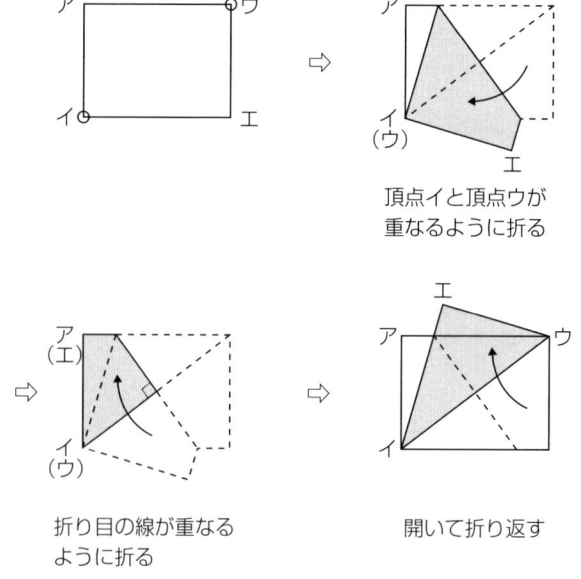

ているはずである。

そして、これを広げてみれば、もう既に対角線の折り目ができている。

このことを実際にやってみれば、だれでも「なぜだろう」と思う。このことの「なぜ」を解明する。

既に学習したことを使った説明が可能だ。

はじめの折り方で頂点イと頂点ウが重なるので、目的とする対角線の長さを二等分していることがわかる。

次の折り方で、直角をつくり、折り目が長さを二等分していることもわかる。

ここにできた折り目は『互いに他を垂直に二等分している直線だ』ということになる。

これは『ひし形』の性質である。図中の四角形ABCDは「ひし形」であることがわかる。

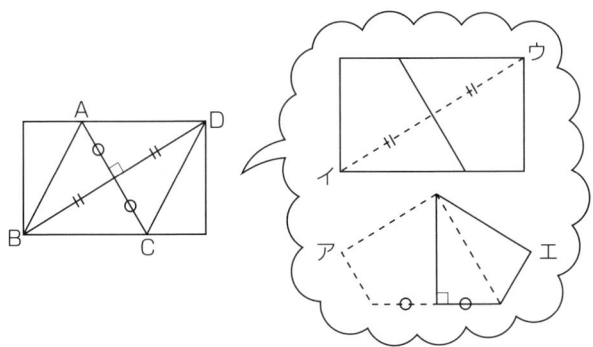

この折り方は「ひし形」の性質を使った折り方であり、誰もができる簡単な方法だということで「なるほど」と納得する。

> このように実際に体験して納得したことは、感動を伴うので忘れない。特に面白さを感じて、さらに他の人にこれを伝えようとする積極的な行為が加われば、なおのこと、このことが自分のものとなっていく。

II-2 授業で大切にしたいこと
■みんなで学ぶことの面白さ

さて，授業で大切にしたいことを3点挙げる。

いずれも学校という場では，いろいろな子どもの存在が認められて，その異質な存在が当然であるという意識に満ち溢れ，さらに，一緒になって困難を克服しながら，一つのものを創り上げていく体験の場であるということを主張するものである。

算数授業で大切にしたい視点	子どもの身につく力	教師が身につけたい力
①多様な思考	（ア）認め合う力	（あ）受け止める力
②協働的学習	（イ）分かち合う力	（い）つなげる力
③体験的算数活動	（ウ）伝え合う力	（う）惹きつける力

①多様な思考（Open-ended thinking）

授業にあたっては，子どもは常に多様な思考をするということを心得ていなければならない。教師にはそれを「**受け止める力**」（あ）が望まれる。

教師の決めた案に合致するものだけが取り上げられて，それで授業が進んでいくのは本来の姿ではない。授業はもっと柔軟なものであり，一つの問題に対してその解き方は多様である。時には答えも多様に設定できる場合もある。

一人の子どもが多様に考えることができればよいのだが、はじめからそれは無理なので、大勢の子どもが集まる教室という場で、いろいろな子どもが多様な思考をすることを体験的に知っていくことがよい教育となる。子どもには「**認め合う力**」(ア)がつくに違いない。

　2007年の夏に米国カリフォルニアのサンマテオ・フォスター市の算数授業研究会に招かれたときのことを例に挙げる。

　私がいたワークショップでは、2年生の繰り下がりの計算について考えることになり、その際に、「教師も子どもの気持ちになるために、「『432－177』の計算をしてみよう。ただし、これを八進法で」という問題が出された。平素なじんでいる十進法の計算では子どもの気持ちにはなれない。そこでこれを八進法表記だとして考えてみようというわけである。

　しばし、グループで話し合った後、それぞれの発表があった。

　これを聞いて、このような計算にもいろいろなやり方があるものだと感心したのである。

(その1)　ブロックを使った計算

　八進法であるから、8になると、隣の位に繰り上がるという数の表し方である。

　このことをもとに「432」という数をブロックで表すと次のようになる。

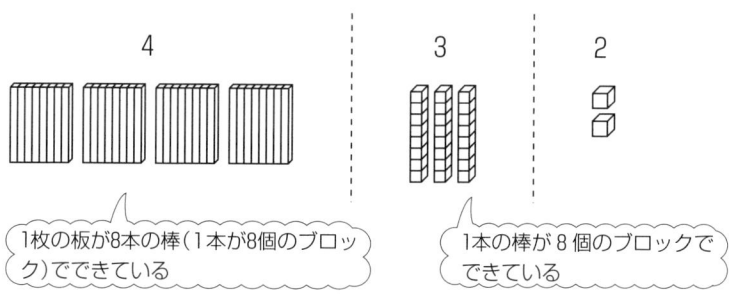

　そして、ここから、「177」を取り去ればいい。

下の位から，順次取っていくと，取り切れないので，2番目の位から1本の棒をくずし，3番目の位から1枚の板をくずすことになる。

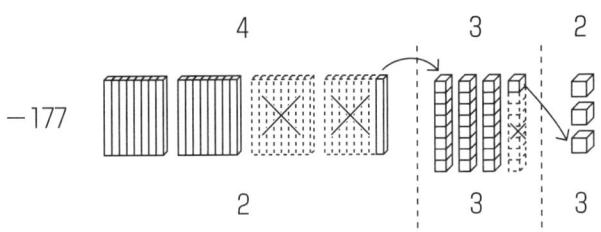

図のように，各位から取れるブロックの数が不足するので，隣から崩してくる。これが「繰り下がり」である。

その結果，「233」になることがわかった。

(その2) 筆算で計算

ブロックを使って計算を行ったグループの発表を聞いていると，これを筆算でやることの意味がよくわかる。

はじめから筆算のままだとわかりづらいのだが，ブロックを使った様子を見ていれば数を操作することの意味が具体的にわかってくるので，この方法も理解しやすい。

平素子どもが行っている十進法の世界の計算も，本来具体的なブロックの操作などがイメージされてはじめてわかるということが納得されるだろう。

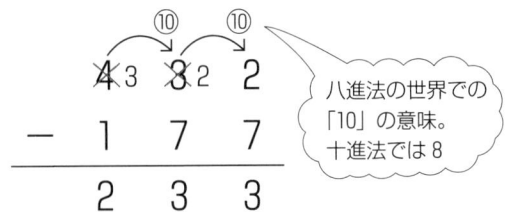

(その3) 計算のきまりを使って

次のグループの発表はなかなか穿っていた。

それは「ひき算のきまりを使う」ものだったのである。

ひき算では，ひかれる数とひく数の双方に同じ数をたしても，双方から同じ数をひいても答えが変わらない。このことを使うのである。

例えば，「8－6」の計算は，双方に2をたして「10－8」としても答えは変わらないのである。

このことを使うならば，次のようになる。

$$\begin{array}{r} 432 \\ -177 \\ \hline 233 \end{array} \xrightarrow{+1} \xrightarrow{+1} \begin{array}{r} 433 \\ -200 \\ \hline 233 \end{array}$$

（等しい）

ひかれる数は「432＋1＝433」。

そして，ひく数は「177＋1＝200」となる。7に1をたせば，8になるので，この場合は繰り上がることになる。次の位も同じだ。

だから「432－177」のひき算は「433－200」となって，全く繰り下がりを考えなくてよいことになった。

これは素晴らしい考え方でもある。

平素，十進法の世界で行っている計算でも，例えば「100－67」のような計算は子どもがよく間違える。しかし，この計算を「ひき算のきまり」を使って「(100－1)－(67－1)」と考えたらどうだろう。この計算は「99－66」となって，全く繰り下がりのない簡単な計算となってしまうのである。

このように，単純な計算の方法を考えるだけでも多様な考え方が登場するのである。子どもが自由に考える授業であれば，これがもっと多様になるはずである。

②協働的学習（Collaborative learning）

　学校はみんなで一緒に学ぶところであることを充分に承知して，そのよさを生かすことが大切である。全部がわからなくても，一部がわかればそれをみんなの前に出して，その続きを全員で考えることがあってよい。

　みんなが知恵を出し合って，一つの問題を解決する喜びを味わいたいものである。教師には様々な考えを**「つなげる力」**（い）が必要になり，子どもには**「分かち合う力」**（イ）が身につく。

　これも一例を示そう。

　例えば，次のような「計算のマジック」を体験してみる。

きっと，みんなの頭に「なぜだろう」という疑問が起こるだろう。その「なぜ」を一人で解決して説明するのは容易ではないが，少しずつの知恵を寄せ集めるとなんとか解決できる。

　このような経験が重なっていくことで教室での授業が楽しいと感じられるようになる。

（計算のマジック）

①誰かに好きな4桁の数を書いてもらう。
　→　4567
②これを見て教師はあらかじめ紙に5桁の数を書き，これを折りたたみ，誰かに持たせる。
　→　24565
③次に，また誰かに4桁の数を書いてもらう。
　→　2341
④これを見て教師も参加。

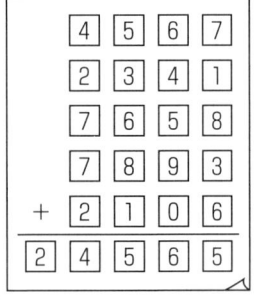

```
  4 5 6 7
  2 3 4 1
  7 6 5 8
  7 8 9 3
+ 2 1 0 6
─────────
  2 4 5 6 5
```

→　　7658
⑤またまた，誰かに4桁の数を書いてもらう。
　　→　　7893
⑥そろそろ最後の締めに教師も参加。
　　→　　2106
⑦ここで，この5個の4桁の合計を計算してもらう。
⑧答えを確かめてから，先の折りたたんだ紙の中に書き込んだ数を見ると 24565 となっていて，この計算の合計と同じ。

ここで，みんなびっくりということになる。

さて，このとき，びっくりすると同時に「なぜ，先生はあらかじめ答えがわかったのだろう」と感じる。

この「なぜ」を探っていくところに有意義な算数がある。

この計算は，次のように説明できる。

　　4567 ＋（2341＋7658）＋（7893＋2106）

　＝24565

となって，この式を変形すると，次のようだ。

　　4567＋9999＋9999

　＝4567＋（10000－1）＋（10000－1）

　＝4567＋20000－2

　＝24565

実際には，このような理由を誰か一人が洗練した言葉や式で説明するわけではない。

みんなの知恵を出し合って何とか解決するのである。

「先生は，はじめに書いた人の数を見て，紙に答えを書いていた」

「だから，はじめの数と答えの間に何か関係があるかもしれない」

このような目のつけどころはなかなかいい。そこで，はじめの数と答えの数を見くらべるように言う。

するとまた,新しい発見がある。
「そうだ,真ん中の3つの数が同じだ。20000増えて,2減っている」
「途中で先生が参加したところが怪しい」
「先生は,前の数を見ながら数字を書いていたよ」
　これもまた,よいところに目をつけた。たくさんほめる。すると,この2つの数を結びつけて考えてみようとする子どもが増える。
「あっ,面白いことがわかった！　先生が参加した数と,その上の数を比べると,どの位も9になっているようだ」
「そうだ。どこの位も9になっている」
　同じように見ていた子が同意する。そして,さらなる発想が起こる。
「9999は,10000より1小さい数だよ」
「そうか,合わせて20000より2小さくなるんだ」
　このような声がいろいろなところから登場して,その内容を結びつけてなんとかこの「計算マジック」のわけを見出していくのである。

③体験的算数活動（Hands-on mathematics）

　算数は抽象的・論理的な学習であるからこそ小学校段階で体験的な学びを大事にしたい。
　子どもが具体物を使ってそこから問題を発見したり,納得したりするところこそが大切な算数的活動となる。
　具体的な物を使った活動になれば,教師には**「惹きつける力」**（う）が欠かせないし,子どもには互いに協力しながら**「伝え合う力」**（ウ）が身につくこととなろう。
　具体例を示す。
　よく使われる二つ一組の「三角定規」について,その共通点を見出すときの話である。
　まず,「どちらも四角形の半分だ」と言う。
　一方は,正方形の半分であり,もう一方は長方形の半分である。

しかし，このようなことにも別の意見が出て，長方形の半分と見た三角定規は「正三角形の半分でもある」と言う。

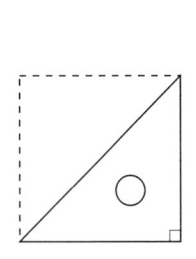

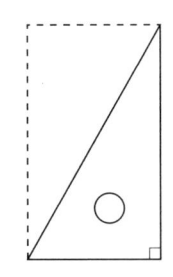

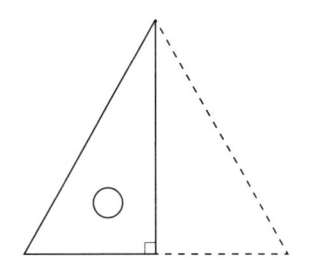

子どもが見出したもう一つの共通点は「同じ長さの辺がある」ということである。

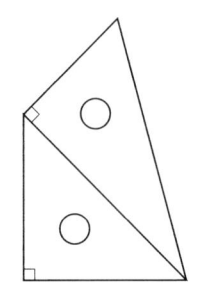

一組の三角定規はこのように作られている。

さらに，次に見出す共通点は「高さが等しい」ということである。

下の図のように，2つの三角定規は一番長い辺を底辺にするとき，その高さが等しくなっている。

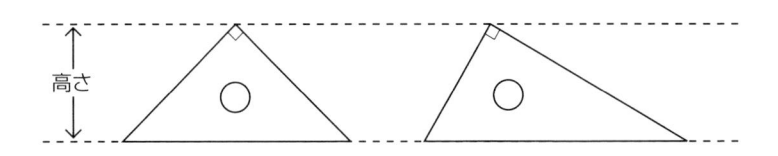

当然「これはなぜだろう」という疑問が起こる。

このことの「なぜ」を説明するのはなかなか難しいが，先の辺が共通していることを使って説明する子も登場する。

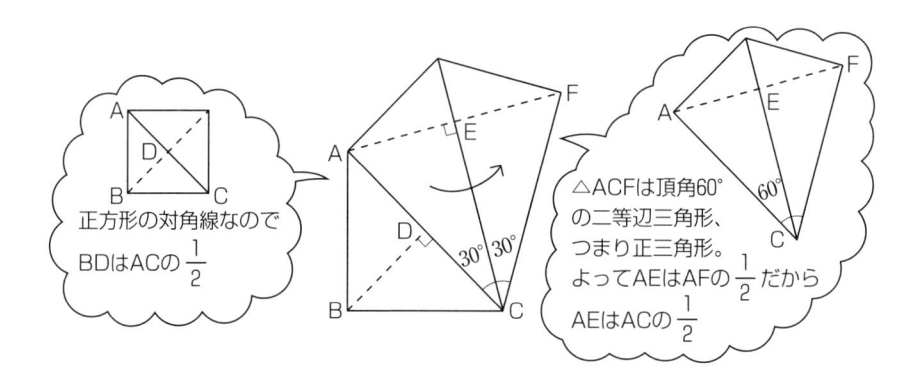

（正方形の対角線なのでBDはACの$\frac{1}{2}$）

（△ACFは頂角60°の二等辺三角形、つまり正三角形。よってAEはAFの$\frac{1}{2}$だからAEはACの$\frac{1}{2}$）

図のように一方を逆さまにして置いてみると，そこにできる頂角Cは合わせて60度（30＋30）になる。

ここで三角形ACFに注目してみると，これは三角定規を逆さまにしたので，当然２辺，ACとCFの長さが等しい。したがって図中の三角形ACFは正三角形となることがわかる。

この三角形ACFが正三角形ならば，考えている三角定規の高さAEは，正三角形の１辺の半分の長さであることがわかる。つまり，２つの三角定規の共通した長さの半分だということだ。

そして，もう一つの三角定規（三角形ABC）は直角二等辺三角形であるから，当然斜辺の半分が高さになっている。この斜辺は二つの三角定規の共通した長さとなっている。

これで，２つの三角定規の高さが同じだということが説明できた。

子どもが実際に三角定規を駆使して机上で動かしているからこそ考えられる説明である。

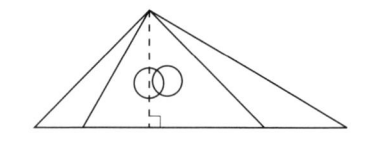

前記の例は少々高度なものであったが，三角定規に関する別の例を示す。

三角定規の角が，それぞれ {45度，45度，90度} {30度，60度，90度} であることをどのようにして納得するかという操作的活動である。

まず，三角定規を折り紙で作る。

次の図のように正三角形を作る要領で作れば，その半分が {30度，60度，90度} の三角定規になる。また，その横に直角二等辺三角形を作れば，それが {45度，45度，90度} の三角定規となる。

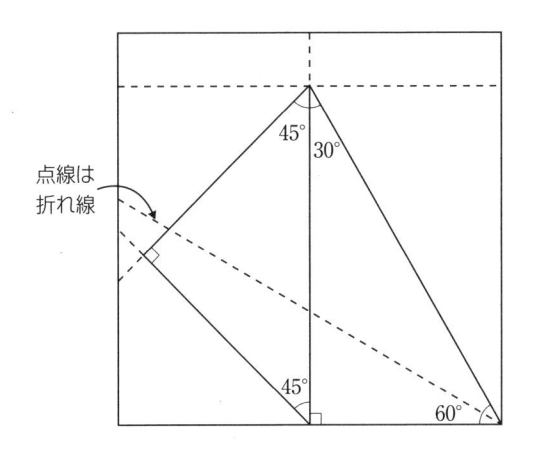

この紙の三角定規を使って考える。直角は90度の角であることは指導済みである。

すると，子どもは，なんとか90度の角と「比べる」という考えをもつ。90度との比較でどのくらいの角度になっているかを考えようというのである。

「こうやって，とがったほうの角を90度の角にくっつけます」と言って，やって見せる。

すると，別の子が「わかった」と発する。

「それをまた折れば，90度の半分だとわかります」

「すると，90÷2＝45で45度になります」といった具合だ，子ども同士で伝え合い，互いに一つのことを成就させていく姿である。物が介在することで，

このことがとてもはっきりする。

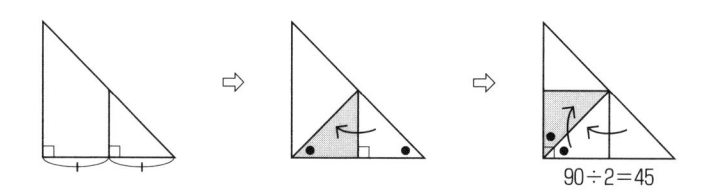

　一方，このことによって，子どもは，別の三角定規でも同じように折って確かめることが可能だと感じる。早速，試行錯誤が始まる。
「とがったほうの角を90度の角にくっつけて，またもう一度折り返すと，ぴったりです」
「だったら，90÷3＝30で，30度だね」

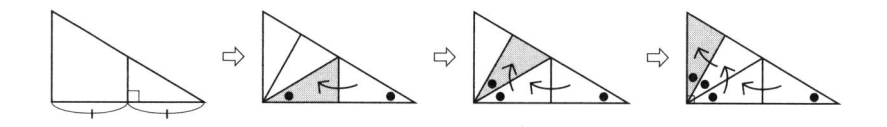

「こっちの角は，30度の角をくっつければ，もう一度折って，その2倍になることがわかります」
「じゃあ，30×2＝60で，60度だね」となる。

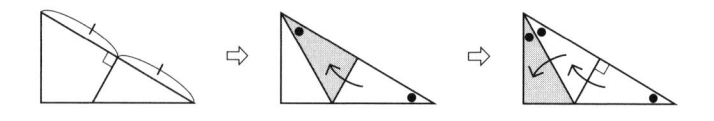

　いずれも，紙の三角定規を「折る」といった操作から，角度がわかるという活動だ。この活動の中に，操作を別の仲間にわからせるために「伝える工夫」や「惹きつける工夫」がいたるところになされることになる。

補足するならば，この三角定規の角は，同じ形の「敷き詰め」という操作からも角度はわかってくる。

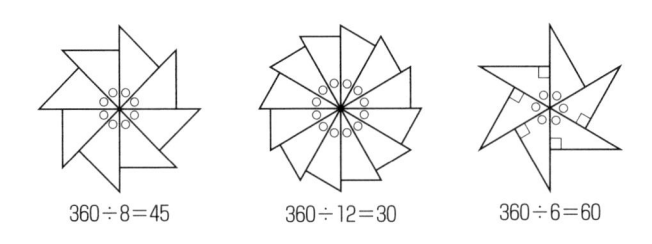

360÷8＝45　　360÷12＝30　　360÷6＝60

共生・共創の学び

授業をよいものにするためには，授業者の心の中に善い教育の場づくりに関わる信念がなければならない。

例えば，「**共生・共創**」の精神で授業づくりをするというような考え方である。

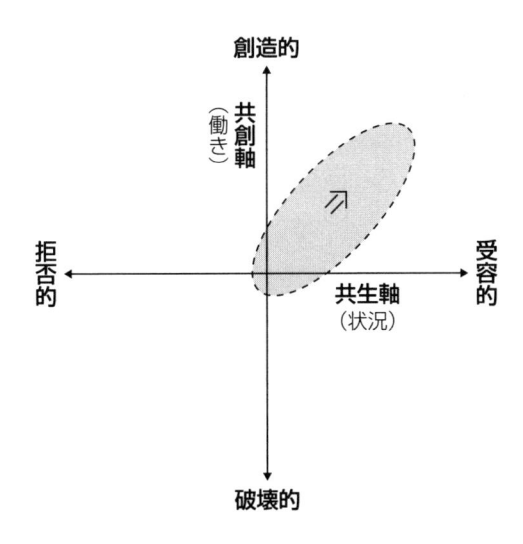

創造的

共創軸
（働き）

拒否的　　　　　　　　　　　　受容的

共生軸
（状況）

破壊的

みんなで学ぶことの面白さ

これは「共生」の横軸が善い教室の「状況」を表し，異質な子どもの存在を認め合うことができる受容力が高いことの願いを表す。
　「共生」とは，教室という場のよりよい状況をめざす考え方である。
　金子みすずの詩の一節にあるように「みんな違って，みんないい」という精神がもてる受容性の高い集団をめざすものである。
　ほかの者が，自分とは違う存在なのだという意識をもつこと，そして，悲しみを抱えている仲間のかたわらで一緒に悲しめること，喜びをもった仲間には，うらやむことなく一緒に喜べるという状況ができるようでありたい。
　そして，「共創」のたて軸は善い創造の「働き」を表す。
　複数の子どもが一緒になって何かをしようとするときには，様々な葛藤が生じるであろうし，様々な許容が必要になろうと思う。そのようなことを克服して一つのものを創り上げる共感性の高い働きの願いを表している。
　「共創」とは，自らのもてる力を存分に提供し，ほかの仲間からの協力も素直に受け，互いの力を分かち合いながら一つ事を成し遂げていくという集団の働きについての考え方である。
　教室というのは，たくさんの子どもが一緒になって，生活し，学習をともにする同じ空間において，同じ時を過ごしその履歴を残していく場なのである。
　このような「共生・共創の学び」こそが，学校教育の目標となるべきであろう。

III 「活用力」を考える

III-1 活用力とは何か
■6つの力

🍀 例えばこんな問題は

　小学生の問題ではないが，あるテレビ番組に出題された問題からのアレンジである。

　図のような円錐（底面の直径10cm，母線の長さ60cm）があって，この「円錐のA点からヒモを2周させてもとに戻る。このとき，ヒモの最短の長さは何cmになるか」という問題である。

　この問題は，具体的な日常場面であるとすれば，クリスマスツリーに電気の飾りをつけるのにコードを巻きつけるという場をイメージすれば面白いかもしれない。

　さて，この問題を解くカギは何か。

　まず，いくつかの疑問が生ずる。ヒモを2周するとはどういうことか。1周するならば，そのまま円錐の側面を回ってもとに戻ればいい。しかし，2周になるならば，いったんもとに戻るという必要はないかもしれない。また，底面の周りを回って2周するよりも，どこか側面を回ってくるほうが果たして短くなるのだろうか。このような疑問が次々に起こる。

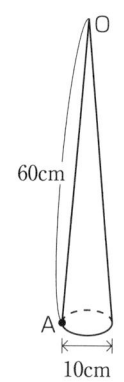

　このようなとき，かつて似たような問題に出会ったことはなかったかと考えてみる。

こう考えてみることは，ジョージ・ポリアが「How to Solve it」（いかにして問題を解くか）の中で問題解決の常套手段として示していることである。

そこで，よくある似寄りの問題を思い起こしてみることにする。

それは，直方体の1つの頂点Aからアリがはって，別の頂点Bまで行くのに最短の道はどこかという問題である。

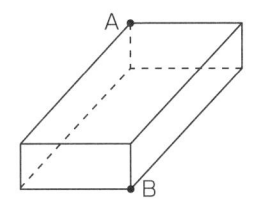

このようなときに，問題を解決するには**「展開図」**を考えて，立体の面を平面にして考えれば最短の道が見つけやすいとわかる。

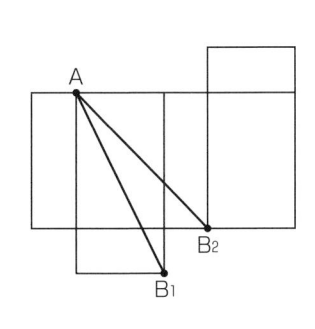

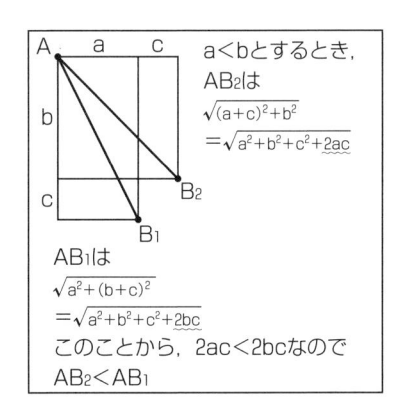

$a<b$とするとき，
AB_2は
$\sqrt{(a+c)^2+b^2}$
$=\sqrt{a^2+b^2+c^2+\underline{2ac}}$

AB_1は
$\sqrt{a^2+(b+c)^2}$
$=\sqrt{a^2+b^2+c^2+\underline{2bc}}$

このことから，$2ac<2bc$なので
$AB_2<AB_1$

展開図上では，AB_1かAB_2，この2つの直線上をアリがはうことが考えられるが，この場合であれば，AB_2のほうが短いことがわかる。なぜなら，右の囲みの中のようであるからだ。

このことからの類推で，先の円錐の問題も展開図を画いてみればいいのではないかと考えてみよう。

6つの力　47

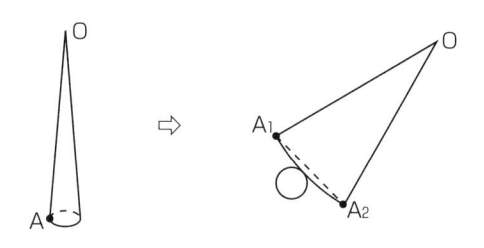

この図で，点A_1から点A_2までで１周である。

１周の問題であれば，側面の扇形について，この弦が最短だとわかる。弧より弦のほうが短いことは自明である。

ところが，問題は２周分の距離が最短になる場合を考えなければならない。

そこで一つのアイディアとして，側面の展開図を２つ並べて画くという発想をもつ。

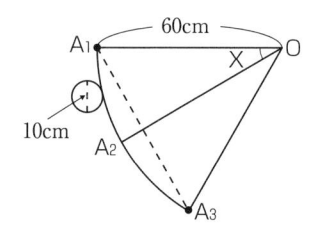

この図の上で最短となるには，点A_1から点A_3までの弦だということになる。そう考えれば，この弦の長さを求めればよい。

このとき，三角形OA_1A_3はどのような形か。

まず，計算で扇形の角Oが，次のようにして求められる。底面の円周の長さと側面の扇形の弧の長さは等しい。

角Oの大きさをx度とすると，

$$\frac{x}{360} = \frac{10 \times 3.14}{60 \times 2 \times 3.14} \qquad x = 360 \times \frac{1}{12} = 30$$

このことから，角Oは30度とわかった。

すると，弦A_1A_3を１辺とする三角形を考えたとき，その頂角は，$30 \times 2 =$

60で，60度となることがわかる。これは頂角60度の二等辺三角形，つまり正三角形であることがわかった。

これがわかれば，求めるべき長さは正三角形の1辺であるから，計算せずとも母線の長さに等しいということになる。つまり，60cmだとわかった。

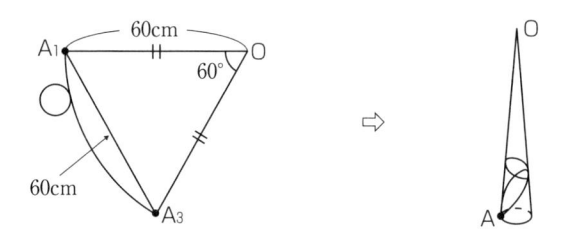

このような問題を解決した一連の思考過程には，かつて似寄りの問題で考えた思考，展開図を適用してみようとする「活用」の一面があり，また展開図を2つ並べるという全く別の発想を使ってみるという関連づけの「活用」の姿があり，さらには扇形と三角形を並べてみれば正三角形になっているという発見的見方が加わり，もてる知識の活用であっけなく解けるといった体験がもてるのである。

このことに気付くために，実物を作って考えるような操作的活動もあれば，これらの発見はより具体的なものになる。

活用する力

　最近,急に「**活用力**」という言葉が学校教育の世界でいわれだした。

　国際的な調査によって,日本の子どもの力で落ち込んでいるところが「活用力」であるとか,2007年の4月に,初めて行われた「全国学力・学習状況調査」(全国的な学力調査)の中にB問題として「活用力」を問う問題が大きな位置を占めたことにもよる。この調査は悉皆調査として2008年4月,2009年4月,2010年4月と3年間続いた。その影響力は大きい。

　さらには,2011年4月から全面実施されている学習指導要領のポイントになるキーワードも「活用力」だ。目標にも活用する力の必要性が掲げられている。

　そのため,この「活用力」は急激に脚光を浴びる言葉となった。

　さて,「**活用**」という言葉は,どのようなイメージをもつ言葉であろうか。

　前述したような「何かの知識や技能が効果のあるように利用されること」というほどの意味以上のものがありそうである。

　しかし,一般的には,学校で学ぶ教科書的知識が日常に利用されるということがこれにあたるということに解釈されがちだ。

　このような意味だけが前面に出てくると,学校での勉強は何かのために役立つものという議論になってしまう。

　すると,学習したことは,必ず目に見えたものに役立たなければならないということになり,学ぶこと自体の楽しみなどは消え去って,最終的には,功利的なものだけが大事にされるということになってしまう。

> 　これではいけない。この活用力というものを捉えるときには,もう少し幅広い捉え方が必要になってくる。
> 　学校の学びは,その学びそのものの中にたくさんの面白さが含まれている。
> 　「子どもが学ぶことの価値を見出して,追究活動を始める,そのこと自体が教育の価値なのだ」と捉えたいものである。

戦前の教科書に「緑表紙」の教科書というのがあった。

このことについて,『伝説の算数教科書〈緑表紙〉－塩野直道の考えたこと－』(松宮哲夫,岩波書店,2007年)に次のような紹介がある。

この本は「算数は単に計算の習熟のためだけにあるのではなく,数の概念や演算がどのように生まれてくるかを日常生活と結びつけて理解できるように工夫された画期的な内容」であり,当時の教育界に絶賛されたようであった。

しかし,当時,なかには内容が難しいと感じる者もいたらしく,それが分析されていた。

その理由は,第一に,問いの形式。

それ以前の教科書（黒表紙）では「いくらか」「どれほどか」などの求答の種類がほとんどだが,緑表紙では「**どこが違いますか**」「**もんだいをつくってごらんなさい**」「**表からどんなことがわかりますか**」など,多様な問いで,このことに少なからず戸惑いがあったようである。

これは現代でも同じことで,算数の授業に答えを求めることだけが目的になっていれば,当然考える途中の過程には価値を置かないことになる。

だが,本当は,**子どもが考える途中の状況**や,その内容から**発展的に考えるところ**を重要視する必要がある。

「活用する力」というのは,まさにこのことに通じるものだと考える。

♣ 活用する力の分析

では,「活用」について,どのような活動がそれにあたるのかを少し詳細に考えてみる。

私は,次の6つの力がこれにあたると考えたい。

6つの力　51

> 「深める（発展）力」
> 「広げる（応用）力」
> 「使える（適用）力」
> 「つなげる（関連）力」
> 「創れる（創造）力」
> 「読める（分析）力」

「深める（発展）力」とは，1つの問題を解き終わってもそのままにせず,「もしも～だったら」と考えて**新たな問題を見出す力**である。

算数の授業の中であれば，1つの問題を解決してもそのままにせず,「もしも数がもっと大きかったらどうなるか」とか,「もしも形が複雑になったらどうなるのか」等々と考えて一般化していく力を育てていくことを大切にしたいところだ。

「広げる（応用）力」とは，**基本の考えを生かし幅広い応用を考えるようにする力**である。

もっとも大切な「基本の考え」をもとに，その筋を生かす問題について広げて考えることが大いに奨励される。

問題の本質を考えた応用を考えていくことが，もっとも有効に働く力を育てることになる。

「使える（適用）力」とは，算数の内容を**日常生活に生かす力**である。ただ日常生活の中に使えばいいのというのではなく，それによって**感動的な出会い**があることが学びを豊かなものにするはずである。

活用という言葉からはこの「使える（適用）力」がもっとも身近に納得されるものだろうが，日常生活への適用に気付く新鮮な驚きが力になるのである。

「つなげる（関連）力」とは，**他の教科の内容などを総合的に扱うことを考える力**である。

仕組みが同じと見られるものを一緒にしたり，事象や場面が同じものを一緒

にしてみたりすると，違ったもの，ばらばらに見えたものが同じものに見えてくる。

また，**関連性のないものをあえてつなげてみる**と，全く新しいものが見えてくる。そのときに統合する目，発展させて考える力がついてくる。

「**創れる（創造）力**」とは，**体験的な活動から生まれる力**である。

実際の体験によって知識は身につき，忘れがたいものとなる。

体験とは，ブロックやおはじきを操作したり，立体図形を作ったり壊したりすることをはじめとして，教室の外に飛び出して調べたり実際にやって確かめたりすることを指している。

まさにこれは「ハンズオン」の活動である。

「**読める（分析）力**」とは，**推測する力や条件を選択したり，不備を補ったりする力**である。

表やグラフなどのデータを読み，条件の過不足を整理し，多様な答えをまとめていく柔軟な考え方を育成する。

学校での授業

子どもはスポンジが水を吸うように知識を吸収する。

知的好奇心旺盛な存在なのである。

まだ言葉を自由に操れない赤ん坊でさえ，何かができるようになると全身を動かしてその喜びを表している。音楽に合わせて手を動かし体を弾ませている姿は，はたから見ていてもほほえましいものである。

新しいことを知るとか，新しいことができるということは，人間が本来的にもっている喜びなのである。学校での勉強は，そのような知的好奇心旺盛な子どもが集まって，教室という場で，教師の応援を得ながら，自ら知識を創りだしていくところなのである。

国が発展途上にある時代には，教室は知識伝達の場になっていた。

教師から講義を受けて，それを一心に憶えるという学習が進められていた。

だから，インプット能力の優れた子どもがよい評価を受けていた。入学試験

などでも記憶量の多い子どもがよいと評価されていたわけである。
　しかし，これからの社会はそうではない。**社会の中で出会う困難な問題を解決していく力**が望まれる。
　何人もの人間の中で**上手にコミュニケーションがとれる力**が望まれる。
　ただ知識の量が多いというだけでは，こういう場面では使い物にならない。
　もてる知識を上手に使った**アウトプット能力**のたけた人間が必要な時代なのである。あるいは自ら試行錯誤しながらも**問題の解決方法を多様に考える力**が必要なのである。入学試験もきっと様変わりするに違いない。
　現に，文部科学省が行う「全国学力・学習状況調査」（全国的な学力調査）も，「活用力」を問う問題がたくさん提示された。小学6年生と中学3年生の子どもが対象であったが，ほとんどが子ども自らが説明をする力を問うものだった。解答用紙には，説明を書く広いスペースがあけられている。
　そこに論理的に考えを書いていくのである。そのような問題だらけであった。
　A，B，Cなどの解答選択肢を記号で書くような解答用紙ではなかった。当てずっぽうでは全く解答できないものである。
　問いに対して**「なぜ」を説明する力**，**「もし〜だったら」と発展的に考える力**が要求されたのである。
　このような力は一夜漬けでは身につかない。小学校に入った1年生からやってこなければできない力なのである。
　これからの教育では，こうした力は具体的にどのような力なのかをもっと詳しく分析して，子どもが身につけるべく努力していかなければならないであろう。

III-2 深める（発展）力
■問題を解くことから問題づくりへ

問題づくりの活動

「深める（発展）力」の学習では「**問題づくり**」が典型的な活動となる。

一般には，「問題を解く」という活動がある。問題の答えが出たからといってそれで終わりにするのではなく，そこからの出発を期待する学習が問題づくりの活動である。

はじめの問題（原題）をもとにして，子ども自らが新たな問題をつくっていくのである。

これにははじめの問題の仕組みを深く理解すればするほど意味のある問題がつくれる。

子どもの問題づくりの活動を分析すれば，いろいろなタイプがあることに気付く。Ⅰ-2に示したとおりである。

（1）数量を変えて問題をつくる
（2）事象を変えて問題をつくる
（3）図形を変えて問題をつくる
（4）類推した問題をつくる
（5）複合して問題をつくる
（6）条件と答えを逆にして問題をつくる

🍀 マッチ棒の問題

これらのことをさらに具体的に考えてみよう。

文部科学省の「特定の課題に関する調査」(平成17年実施) に「マッチ棒の問題」があった。これはまさしく,次々と問題を発展させることを示したものであったので,その例を使う。

はじめの問題は「マッチ棒で正方形を作り,それを6個つなげたとき,マッチ棒の数は何本か」というものであった。

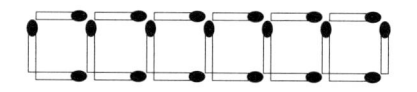

これは,よく見受ける一般の問題である。教科書にもよく登場する。

この問題自体を解くだけでも,**解き方の多様性**を知る価値ある問題解決の活動となる。

解き方のいろいろは次のようである。

(1) 4 + 3 × 5 = 19

子どもがこのような式をつくったならば,本人から説明をされなくても,どのように数えたかが説明できそうである。これを見て**他の仲間が説明できる**ようであれば,それは大変によい授業であろう。

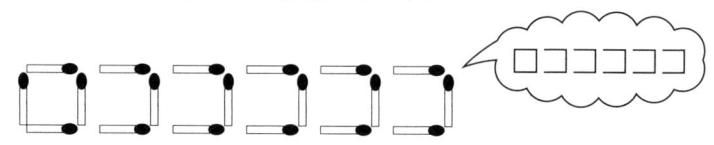

はじめに1個の正方形を作り,その横に「コ」の字のように3個一組で,5個 (6 − 1) つなげたということだ。

(2) 1 + 3 × 6 = 19

これは,はじめに1本置いて,残りは「コ」の字の連続である。これも式が

数え方をよく**表現**している。

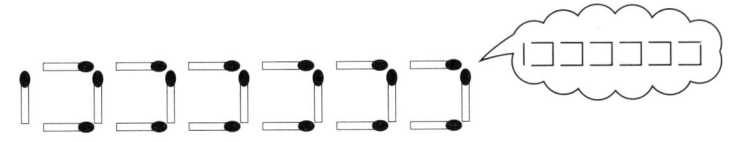

（3） 6×2＋7＝19

　これは，まず上下の横並びのマッチ棒の数を数え，その後，たてのマッチ棒の数を数える。たての棒は横の棒より1本多い。だから式は6×2＋（6＋1）＝19としたほうがよいかもしれない。

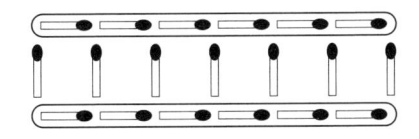

（4） 4×6－5＝19

　これは，全体を正方形が6個とみなす。しかし，そう見ると中のたて棒が重複する。この重複の本数，つまり（7－2）本分だけひかなければならない。この場合も，式は，4×6－（7－2）がよいだろう。

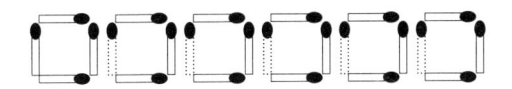

　このほかにもいろいろあるが，これだけでも解き方は一通りではないことに気付く。

発展的に考える（問題づくり）

　そして，この問題を解くだけで終わりにしない。
　この問題を変えてみる。
　先の文部科学省の問題では，これが調査問題として登場する。

問題を解くことから問題づくりへ

はじめは,「このようにマッチ棒をつなげて,正方形が100個になったら,マッチ棒は全部でいくつになるでしょう」という問題である。

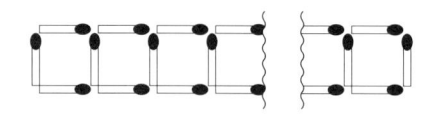

これは,正方形の数を増やして考えてみようという活動である。数を増やしても解き方は変わらないのかという考え方を問いかけているものとなる。

この場合であれば,6個という正方形の数が100個に変わったので,解き方を考えたときの式で「6」の部分を「100」に変えたら,そのまま解けるのだろうかと考えてみることになる。

これは,なにも100という数でなくてもいいのだが,もしもこれを子ども自身がつくったとしたら,これは数の代表としていつでもできる場合を考えていると解釈することもできる。つまり,（1＋3×n）という**一般化の意識**があると解釈してもいいだろう。

本来は,「もしも100だったら」と考えるところに創造性を発揮するところがあるので,実際の授業では,このことを子どもが考えられるようにしたいものである。

さて,次に,登場するのは「正方形ではなくて,正三角形がつながったら」という発想からの問題である。

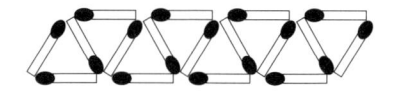

この図のように正三角形も上手に横につなげていくことが可能だ。調査問題は,図のように6個つながっている。

これは,**図形に対する一般化**をめざす方向だ。

これも子どもが自ら考えることができれば,非常に**創造的な発想力**がついて

いると解釈できる。

　このタイプの発想からは，もっと別の形のつながりがあってもいい。

　例えば，正六角形をつなぐとか，長方形をつなぐといったことが挙げられる。

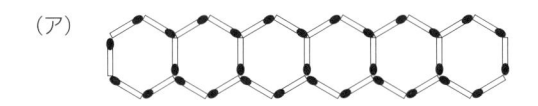

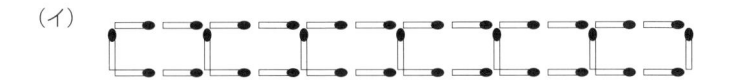

（ア）

（イ）

　この2つの場合であれば，両者解き方が同じになることに気付く。

（ア）　$1 + 5 \times 6 = 31$

（イ）　$1 + 5 \times 6 = 31$

　「**これは，なぜだろう**」という新たな疑問も発生する。

　教室の中では「正六角形の上下を押さえつければ，長方形になります。だから同じだと考えてもいい」と言う子もいる。これも素晴らしい発想である。

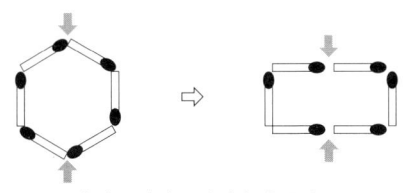

矢印の方向に力を加えると…

　また，中には「**正五角形をつなぐ**」という発想をもつ子もいる。

　これは頭の中で考えているだけで，実際に机の上に並べてみると上手にできないことがわかる。上下に波打つようにきれいに並べると考えれば，これも（$1 + 4 \times n$）のパターンに見えないこともない。

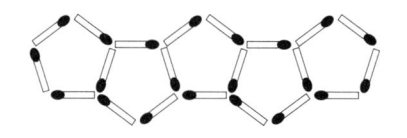

さらに，調査問題は発展する。

平面で考えていたことを，立体で考えようとする。

「立方体を6個つなぐとマッチ棒は全部でいくつか」

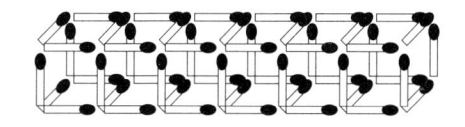

これは平面で考えたことが立体でもできるのかという**「類推」**である。

図をよく見ればこれも同じように考えることができそうである。

4本をはじめに固定して，8本ずつ増えていくと考えれば，これは，（4＋8×n）と表現できる。

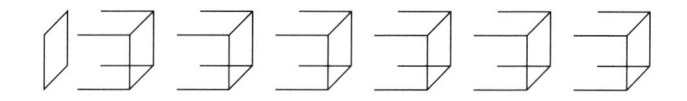

活動のねらい

このように文部科学省の調査問題は，1つの問題の条件を変えることで次々につくった問題を提示してそれを解いていくだけなのであるが，その問題の構成を，本当は子どもに考えさせたいところなのである。

きっと，このような活動が授業の中で行われていなければ，ただ，一つ一つにどれも「マッチ棒」が使われている関連性のない問題として解くしかないのである。

もしも，授業の中で次々と条件を変えながら自ら問題をつくっていくような活動が行われているならば，これらの問題は全体が同じカテゴリーに含まれる問題だという大きな見方ができるであろう。

　そのような見方が身につくならば，大きなねらいは達成していることになる。

　もしも，このねらいが多くの子に達成されているならば，平素の授業の中では「もしも〜だったらどうだろう」という発言がよく聞かれるようになる。

　いつも問題を深めて考えていこうとする態度である。

深める活動

先の例は，発展的な考えを育てようとして意図した活動である。

これが，身についた態度であるならば，算数の問題を見る目が変わる。

高学年で学ぶ「分数÷整数」の例を考えてみる。

例えば，「$\frac{4}{5} \div 2$」という計算がある。

これをどのように計算するか。

分数に整数をかける計算の場合だったら，分子を整数倍すればよかった。

これを思い出して，次のようにやる子がいる。分子を整数でわっている。

$$\frac{4}{5} \div 2 = \frac{4 \div 2}{5} = \frac{2}{5}$$

これで答えは，$\frac{2}{5}$となって正解である。

しかし，果たしてこれでよいのだろうか。

このようなときに，「もしも，わられる数が$\frac{3}{5}$だったら，その方法ではできないのではないか」と質問する子がいたら，この質問を大いにほめるべきだ。

$\frac{4}{5}$が，$\frac{3}{5}$になったらできないということを見ぬいたわけだ。

$$\frac{3}{5} \div 2 = \frac{3 \div 2}{5}$$

しかし，ここで，再度深く考えなおしてみる。

分数の大きな特徴をここに生かす。

「分数は，同じ大きさを別の表現でできる」という特徴である。**同値分数**の見方である。

$$\frac{3}{5} = \frac{6}{10} = \frac{9}{15} \cdots\cdots$$

同じ大きさが，このように表現できる。

すると，これは計算方法に生かせる。こうすれば分子がわり切れるからだ。

これをきちんと式に表現してみる。

$$\frac{3}{5} \div 2 = \frac{(3 \times 2) \div 2}{(5 \times 2)}$$

$$= \frac{3}{5 \times 2} = \frac{3}{10}$$

この変形を見れば，なんと知らず知らずの間に，わる数の整数はわられる数の分母にかけているという形になった。

これは，ほかの場合もうまくいきそうである。

したがって，次のように計算の仕方は一般化できる。

$$\frac{\triangle}{\bigcirc} \div \square = \frac{\triangle}{\bigcirc \times \square}$$

　このような一連の活動は，初発の問題から，次々に問題点を深く追究する活動へと生かされていることになる。

　算数の世界でもっとも大切に扱いたい「活用力」といえるものである。

III-3 広げる（応用）力
■もっといろいろな知識を求めて

🍀 基本の考えから

「広げる（応用）力」を考えるとき，その対応する極に**基本の考え**がある。
算数の学習には，どれにも「基本の考え」がある。
「数と計算」の領域では，「**十進位取り記数法**」の考え方である。
「量と測定」の領域では，「**単位のいくつ分かで数値化する**」考え方である。
「図形」の領域では，「**同じものを見る**」考え方であり，「**概念を形成する過程を体験する**」ことである。
「数量関係」の領域では，「**変わるものの中に変わらないものを見出す**」考え方である。
このように考えてみると，この基本の考え方は常に生かしながら，そこから広がって**派生的に考えていく問題**に取り組むことは，子どもが「広げる（応用）力」をつけていくことになる。

🍀 計算の仕方を考える

新しい学習指導要領でも，計算の学習にあっては，これまでのものと同じように「計算の意味を理解すること」と「計算の仕方を考えること」と「計算に習熟し活用すること」の三者をしっかり指導することを一層重視するとうたっている。「**意味**」「**仕方**」「**活用**」が三点セットになって繰り返し行われるということだ。
例えば平成10年版の学習指導要領でいえば，「乗法の意味について理解し」（意

味),「乗法の計算の仕方を考え」(仕方),「それを適切に用いること」(活用)というところがこれにあたる。

特に「計算の仕方」を子ども自身が考える学習というのは，今後ますます大切に扱われなければならないこととなろう。

🍀 2桁の数をかける計算

3年生が2桁の数をかける計算を学習する。

例えば，「12×23」。これをどのように計算するか。

子どもはいろいろな方法で計算の仕方を考えるが，もっとも典型的な計算の仕方は，「**分けてかけ算し，あとでたす**」というものだ。

図を使って考える。

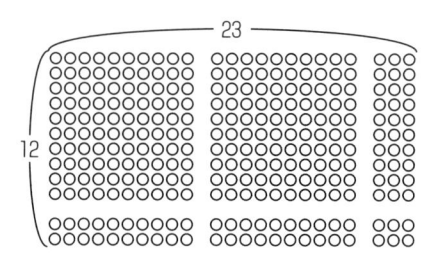

このドット図を見ると，たてに12個のドットが並び，それが横に23列並んでいる。

この全てのドットの数を数えればいいことになるが，よく見ると，この図を区切って数えれば簡単なことだとも理解できる。

　Ⓐの部分は，　10×20 = 200
　Ⓑの部分は，　 2×20 = 　40
　Ⓒの部分は，　10× 3 = 　30
　Ⓓの部分は，　 2× 3 = 　 6

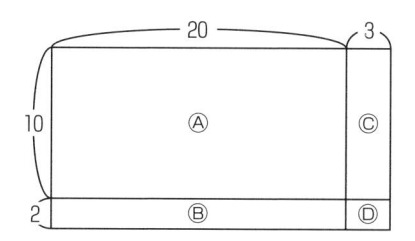

これらの合計なので，
　200＋40＋30＋6 ＝276
ということになる。

筆算の形式に結びつける

この「12×23」の計算の仕方について子どもが自ら考える体験を経た後，形式的な筆算の仕方について知ることになる。ここで，**子どもが自ら考えた方法が結びつくことができれば大変によい。**

つまり，部分ごとの積をそのまま書いていくのである。

```
    12
 ×  23
   200   ←  Ⓐ 10×20
    40   ←  Ⓑ  2×20
    30   ←  Ⓒ 10× 3
 +   6   ←  Ⓓ  2× 3
   276
```

この場合は，上の位の数から計算するように記述しているが，たし算やひき算，あるいは1位数をかける筆算のときと同様に，**下の位から計算する**ようにしていけば，これまでの計算と同様にやれる。

```
    12
  × 23
─────────
     6   ←  Ⓓ  2× 3
    30   ←  Ⓒ 10× 3
    40   ←  Ⓑ  2×20
 +200    ←  Ⓐ 10×20
─────────
   276
```

　この「**部分積**」のところについて，計算が速くできるようになったら，まとめることが可能である。

```
    12
  × 23            ┌─────────────┐
                  │ 2×3+10×3    │
                  │=(2+10)×3    │
                  └─────────────┘
    36   ← 12× 3（ⒹとⒸの式変形）
 +240    ← 12×20（ⒷとⒶの式変形）
─────────
   276            ┌─────────────┐
                  │2×20+10×20   │
                  │=(2+10)×20   │
                  └─────────────┘
```

　この形式が，明治以来教科書上で行われてきた洗練された筆算形式である。2位数に1位数をかける計算が2度行われて，あとはそれをたすという計算になる。部分積の二段目の計算は，本来は「12×20」という計算であるが，形式的に行うために，念頭では，「12×2」という計算になる。したがってこの結果は，位を左に一桁ずらして置くことになる。子どもにはこのことの意味もしっかり把握させておきたい。

　大切なことは，**形式的にやっていることの「意味」を説明できるように**しておくことである。もちろん，いくばくかの練習をしなければ，これをしっかり身につけることができないので，ある程度の練習が必要になる。しかし，それは子どもの能力の程度によって違ってくる場合が多い。

速算

　さて，2位数同士の計算については，昨今は「**インド式計算**」と称して世間の注目を浴びていたようであるが，2位数同士の計算を全部暗唱することの是非についてはともかく，いくつかの計算については「速算」が可能である。

　その中でも，子どもが考えて「**なぜ，そのような方法でできるのか**」を解明すれば，よい**数学的思考**が育ちそうなものを紹介する。

　次のような計算は，いずれも速くできる。

```
     34           48           67
  ×  36        ×  42        ×  63
  ─────        ─────        ─────
   1224         2016         4221
```

　先の計算のように，部分積を書かずに，あっという間に答えが書ける。

　まず，この計算の特徴を見ぬく。

　どの計算も，「十の位が同じ数になっている」。そして，「一の位は2つの数をたすと10になっている」。

　このような場合の計算は，すぐに答えが求められる。

　どのようにやって答えを書いたか。

　例えば，「48×42」の場合を取り上げて説明する。

　まず，一の位は，そのままかけて，8×2＝16としてそれを右に書く。

　次に，十の位を見て，一方の数を1増やして，互いにかける。4×(4＋1)＝20とする。それをそのまま左に書くのである。

　これで答えは「2016」ということになって，正解である。3つの計算ともに同じやり方でできる。

　しかし，これだけでは，形式的な方法を示したのみである。

　誰でも「**なぜだろう**」と考える。子どもにその素直な問いが生まれれば，これが授業としても成り立つ。

もっといろいろな知識を求めて

このことの「なぜ」については，先の計算の原理がかかわってくる。

部分積をそのまま書いた計算を思い出してみよう。あのような計算の仕方でこの計算をしてみると，次のようになっていることがわかる。

```
      48
   ×  42
   ───────
      16   ←   8× 2
      80   ←  40× 2
     320   ←   8×40
　+ 1600   ←  40×40
   ───────
    2016
```

この筆算を見ると，積の下二桁の16は，「8×2」の答えをそのまま書いていることがわかる。したがって，残りの計算が「2000」となっているのである。

部分積の下の三段をよく見てみよう。

（ア）　　 80 　← 　40× 2
（イ）　　320 　← 　 8×40（40× 8）
（ウ）　 1600 　← 　40×40

この計算をよく見れば，（ア）と（イ）については次のようになる。
　　40× 2 ＋40× 8
　＝40×（ 2 ＋ 8 ）
　＝40×10

そして，これに（ウ）の計算を付け加えれば，次のようだ。
　　40×10＋40×40
　＝40×（10＋40）
　＝40×50

このことから，4×(4+1)=20をそのまま書くことの意味がわかった。

だが，数式だけで説明してもなかなか納得が得られないこともあるから次のような図を見て理解することも可能だろう。

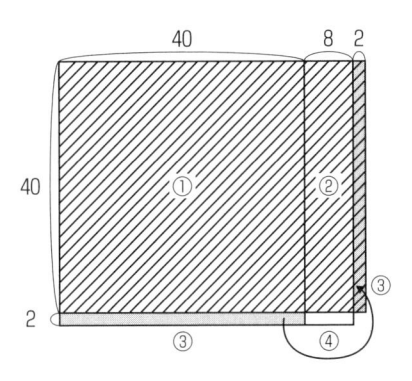

①の部分が　40×40
②の部分が　40× 8
③の部分が　 2×40（40× 2）
④の部分が　 2× 8

この図から，③の部分を②の横に付けると，斜線の部分は，40×(40+ 8 + 2)ということになる。これが2000となって，あとは，④の部分が， 2 × 8 =16となる。つまり，これで合計は2016となることがわかる。

このような速算法が子どもの納得のうえに伝えられれば，きっと興味をもつことになろう。

これは典型的な「広げる（応用）力」の例となる。

面白い計算のわけ

速算ばかりでなく，計算の方法がわかったら，いろいろな楽しい発展問題に触れられるといい。次のような計算はどうだろう。

答えまで見れば，「これは面白い」と言うことになろう。

$1 \times 9 + 2 = 11$

$12 \times 9 + 3 = 111$

$123 \times 9 + 4 = 1111$

$1234 \times 9 + 5 = 11111$

$12345 \times 9 + 6 = 111111$

$123456 \times 9 + 7 = 1111111$

$1234567 \times 9 + 8 = 11111111$

$12345678 \times 9 + 9 = 111111111$

$123456789 \times 9 + 10 = 1111111111$

答えに1ばかりの数が並ぶのはなぜだろうということになる。

「$12345 \times 9 + 6$」の場合で考えてみる。ここでは「$9 = 10 - 1$」と見る見方が必要になる。

$\quad\quad 12345 \times (10 - 1) + 6$
$= 123450 - 12345 + 6$
$= 123450 + 6 - 12345$
$= 123456 - 12345$
$= 111111$

このようになることがわかる。最後の計算を筆算で書けば，なおさら答えに1ばかり並ぶ理由がわかる。

```
   123456
 -  12345
 ────────
   111111
```

III-4 つなげる（関連）力
■新しいものを見つけるために

関連づける力

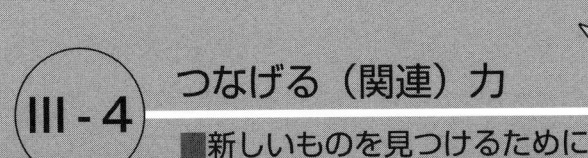

算数の内容に「台形の面積」指導が復活した。

高学年で，既習の面積の求め方をもとにして考え説明する内容である。このことについては，「(上底＋下底)×高さ÷2」という公式を暗記して，練習問題に使えるということが目的なのではなく，この公式を導きだす活動そのものが価値あるものとして求められる。

「既習の面積の求め方を活用して説明する」といったところに大いに算数的活動が行われるものと思われる（シリーズ③『算数楽しく オープンエンド』参照）。

このように，関連づける力をつけるためには，いくつかの活動が必要になろう。例えば次のような活動である。

（ア）既習の問題に関連づける活動
（イ）生活の中や，他教科の学習に関連づける活動
（ウ）統合・発展するために関連づける活動

既習の問題に関連づける

いままでにやった似寄りの問題の解決方法や考え方，きまりなどを思い出して，その方法を使ってみると，新しい問題が解決できる。

例えば，「**分数÷分数**」の計算の仕方を考える学習が挙げられる。

分数を分数でわる計算の仕方を考えることはなかなか難しい。

この問題の解決のためには，これまでの**似寄りの学習**を思い出し，その中か

ら使えるものを見つけなければならない。

「**分数÷整数**」の仕方は見つけた（p61参照）。

「$\frac{3}{5} \div 2$」のときに，$\frac{(3 \div 2)}{5}$と考えたが，この分子が計算できない。そこで，このときに，分数の特徴を意識して，同じ大きさを別の形で表わせるということを使ってみる。$\frac{3}{5} = \frac{6}{10}$ならば，分子をわることができる。そして，このことを分析すれば，$\frac{(3 \times 2) \div 2}{5 \times 2}$となって，結局，$\frac{3}{5 \times 2}$という計算方法に結びついた。

このことは，「**小数÷小数**」の計算にも役立てそうである。「5.4÷0.6」の計算は，「54÷6」として計算をする。これはなぜか。**わられる数とわる数とに同じ数をかけても答えは変わらない**というきまりを使っていた。だから形式的には小数点を同じだけ移動して数を整数化して計算したのだった。

これを「**分数÷分数**」にも使ってみよう。

例えば，「$\frac{4}{5} \div \frac{2}{3}$」の計算は，なんとかわる数を整数にすればいい。

したがって，両方に3をかける。

$\frac{4}{5} \div \frac{2}{3}$

$= (\frac{4}{5} \times 3) \div (\frac{2}{3} \times 3)$

$= (\frac{4}{5} \times 3) \div (2)$

$= \frac{4 \times 3}{5 \times 2}$

$= \frac{4}{5} \times \frac{3}{2}$

このことから，分数同士のわり算では，わる数の逆数をかければよいという形式が納得できるのである。

別の例を示そう。

「**三角形の段積み**」の図がある。

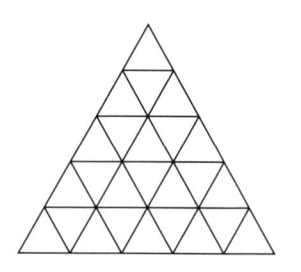

この中に小さな三角形がいくつあるか。

　このような問題に対していろいろな解法が登場する。

　「1 + 3 + 5 + 7 + 9 = 25（個）」という式がある。これは，上から一段ずつを分けて数えたものだ。よく見ると，いずれの数も**「奇数」**になっていることがわかる。

　また「1 + 2 + 3 + 4 + 5 + 1 + 2 + 3 + 4 = 25（個）」というのがある。

　これは，上向きの三角形と下向きの三角形に分けて数えている方法であることがわかるが，この式は少し改善して，「(1 + 2 + 3 + 4 + 5) + (0 + 1 + 2 + 3 + 4)」とするのがよい。

　下向きの三角形も最上段に 0 個と見るところが工夫だ。こうすると，合計を求めるのに，「(1 + 2 + 3 + 4 + 5) + (4 + 3 + 2 + 1 + 0) = (1 + 4) + (2 + 3) + (3 + 2) + (4 + 1) + (5 + 0) = 5 + 5 + 5 + 5 + 5 = 5 × 5 = 25」となるのだ。

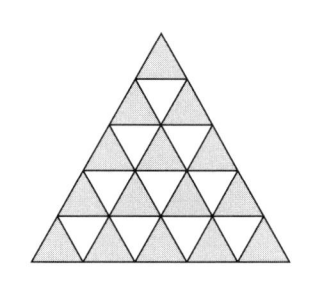

　先の方法では**「奇数の和」**となっていることに気付くのだが，ここでは「5 × 5」という**「平方数」**になっている。このことは，どのように考えれば関連づくのだろう。

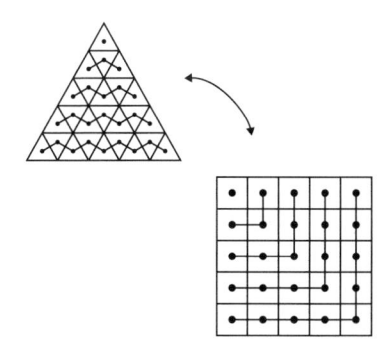

この図のように，平方数と見れば，正方形状態に並ぶドットの数を連想させるが，これを奇数の和と見るためには，図のようにカギ型に数える方法が考えられる。このような区切りを入れれば，これが奇数の和と見られるだろう。
　このような図から発想する数の並びに「**九九表**」があるが，これをこのようにカギ型に区切って数えてみると，また面白い発見がある。ちなみに4の段までで，これを考えてみれば，カギ型の数は，順に|1，8，27，36，64|となっている。

$$1^3 = 1$$　⇐　| 1 | 2 | 3 | 4 | ⋮
$$2^3 = 8$$　⇐　| 2 | 4 | 6 | 8 | ⋮
$$3^3 = 27$$　⇐　| 3 | 6 | 9 | 12 | ⋮
$$4^3 = 64$$　⇐　| 4 | 8 | 12 | 16 | ⋮

　これは，「**立方数**」といわれるものだ。
　つまり，立方体の体積に関連づけて，単位立方体の数であると解説してよいものだ。
　そしてさらに，この場合，数の合計はちょうど**100**になっている。
　前のほうから順にたしていくと，
　　1 = 1　（1×1）
　　1 + 8 = 9　（3×3）
　　1 + 8 + 27 = 36　（6×6）
　　1 + 8 + 27 + 64 = 100　（10×10）
となっている。

　1つの問題から，関連する知識が次から次へとこのように広がっていくことがわかれば，考えていくことの広がりを感じ取れて，学ぶ楽しさを感じずにはいられないことだろう。

生活の中や，他教科の学習に関連づける

　授業の中でつくり上げた新しい知識を，**実際の生活の中**で使ってみたり，**他教科の学習**で使ってみたりする。

　そして，そこで使った考え方・方法が利用できることに気付けば**感動**する。その体験が，世界を広げることになる。

　例えば，**液量**を学習して，「L（リットル）」「dL（デシリットル）」「mL（ミリリットル）」という単位を使って量ることを知る。

　すると日常の生活の中で，容器にそのような単位が表示されているのが見え出す。

　次々に発見していくうちに，これまで見たことのなかった「cL（センチリットル）」を発見する。

　とたんに，単位の欠けている部分が気になり，調べていく。そのうちに，メートル法の仕組み「　←kL（キロリットル）　←hL（ヘクトリットル）　←daL（デカリットル）　←L（リットル）　←dL（デシリットル）　←　cL（センチリットル）　←mL（ミリリットル）　←　」が見えてくる。

　さらに，これらの単位には該当する漢字（国字）もあることを知れば一層感動し，使える知識の世界が広がってくることになる。国語との関連学習ともいえる。

km	hm	dam	m	dm	cm	mm
粁	粨	粎	米	粉	糎	粍
kL	hL	daL	L	dL	cL	mL
竏	竡	竍	立	竕	竰	竓
kg	hg	dag	g	dg	cg	mg
瓩	瓸	瓧	瓦	瓰	瓱	瓱

もっと別の例も考えてみよう。

題材を生活の中に取ってみよう。総合的な学習の時間との関連と考えてもよい。

目の不自由な方のための「**点字**」は，基本的には 6 個の点から成り立っている。

―― 母音 ――
ア　イ　ウ　エ　オ

この点の，組み合わせで文字が記号化されているのだが，数学的に考えると一体いくつの文字がつくれるのだろうか。

このような問題を設定して考えてみる。

一つ一つの場合を樹形図などを使って調べていくのも手であるが，もう少し簡潔に考えてみよう。

1つの点が「使われる」か「使われない」かの 2 通りである。したがって，1つの点の 2 通りに対して，隣の点が 2 通り，それに対してさらに 2 通り……と考えれば，計算は次のようになる。

　　$2 \times 2 \times 2 \times 2 \times 2 \times 2$
　$= 64$（通り）

このことから，実際にはどの点も使わない場合を除けば，$64 - 1 = 63$（通り）ということがわかる。

このような例も，算数の目が，生活の中や，他教科の学習を見つめ直すことになることが納得できよう。

統合・発展するために関連づける

　骨組み（仕組み）が同じと見られるものを一緒にしてみたり，衣装（事象・場面）が同じものを一緒にしてみたりすると，違ったもの，ばらばらに見えたものが同じものに見える。

　また，関連性のないものをあえてつなげてみると，全く新しいものが見えてくる。このような体験を繰り返せば，統合する目，発展させて考える力がついてくる。

　例えば，多角形の中に引かれる**対角線と辺の数の合計**を求める問題を考えてみよう。

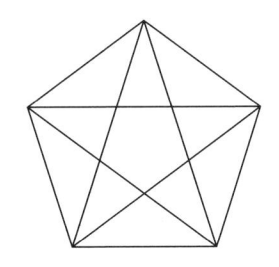

　また，5個の色違いの球を箱の中に入れて，その中から**2個の球を取り出し，その組合せを考える**。

　一見，それぞれ別の問題に見えるが，図を描いて解く方法などから，徐々に違った問題が同じ構造の問題に見え出す。

　2個の球を取る問題であれば，次のリーグ戦の表のように○をつけたところの組合せが考えられる。組合せの数を合計すると，$(5 \times 4) \div 2 = 10$（通り）となることがわかる。

　また，五角形の辺の数と対角線の数の合計も，その数は，$(5 \times 4) \div 2 = 10$（本）となって，仕組みが同じであることがわかる。

新しいものを見つけるために

	A	B	C	D	E
A		○	○	○	○
B			○	○	○
C				○	○
D					○
E					

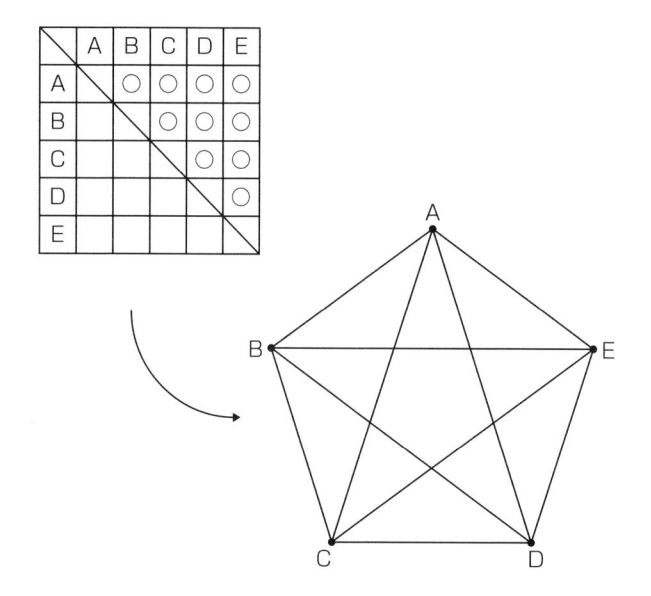

　また，別の例では，比例のグラフで，式「$y=ax$」の「a」の数に着目して，この数が変化するとき，どのような特徴があるかを考える。

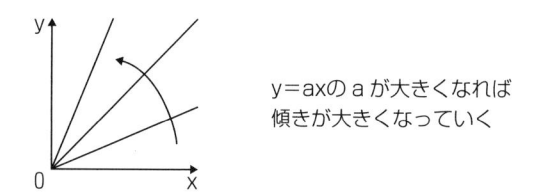

$y=ax$ の a が大きくなれば
傾きが大きくなっていく

　a の数が大きくなればなるほど，傾きが急になっていくことに気付く。
　この場合，他の関係でも**グラフがどうなっているのか**を探りたくなる。
　和や差が一定の場合ではどうか，積が一定の場合ではどうかと，別の関係のものにまで追究の目が及んでいく。

和が一定（$x+y=b$）のグラフであれば，図のように，bが増えればグラフが右上のほうに移動していく。

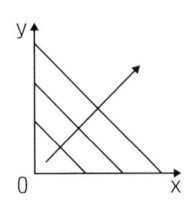

　また，差が一定（$x-y=c$）のグラフであれば，図のように，cが増えればグラフは45°の傾きで右の方へ平行移動していく。

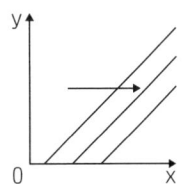

　さらに，積が一定（$x\times y=d$）のグラフであれば，図のように，dが増えればグラフは右上に移動していく。

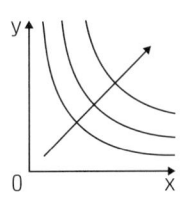

　このような学習も，子どもの**「つなげる力」**（**関連**）を育成していくことになる。

新しいものを見つけるために

III-5 使える（適用）力
■感動の出会いからの出発

🍀 使える活動

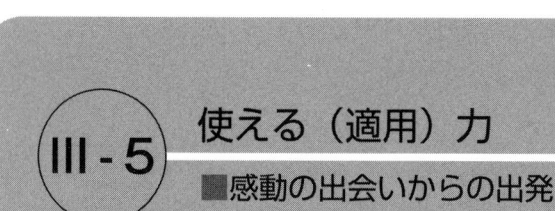

　算数で学習したことは，さまざまな**日常生活**で使われている。お金の計算はその最たるものであろう。だからといって，算数の時間にはいつも買い物場面の問題ばかりが登場したのでは，子どもの意欲を削ぐことになるかもしれない。

　算数の学習で身につけたものが使えると気付き，それが実際に役に立つことに触れたときに子どもの心に**感動の出会い**があることが本当に大切なことであろうと思う。

　かつて我が国には「緑表紙」と呼ばれていた国定教科書『尋常小学算術』があった。文部省の図書監修官であった塩野直道が編纂したものである。斬新な教科書に数理思想を具現化したものとして，いまなお有名な教科書である。

　塩野直道の『数学教育論』（新興出版社啓林館，1970年）には教科書の展開過程について次のように説明されている。

　「まず具体的な事実に当面させて必要興味をいだかせ，それに基づいて，その中にひそむ数理的なものを見出す。あるいは数理的に解釈し，解決し，処理する。次にはそのつかんだものを確実に理解させ習得させ，最後に応用発展をはかるという順序が原則として取られている。いわゆる導入問題はかような意味で，つねに新教材の最初に掲げられているのである。」

　要するに，子どもにとって身近なものを考える材料とし，その中に算数の大事な考え方が発見される。算数がこのようなところに潜んでいたのかと感動する。その感動的出会いがもっと広い世界に生かされるということであろう。

使える活動の授業

正三角形の学習がある。

教科書にあるような，正方形の折り紙から正三角形を折ることも学ぶ。

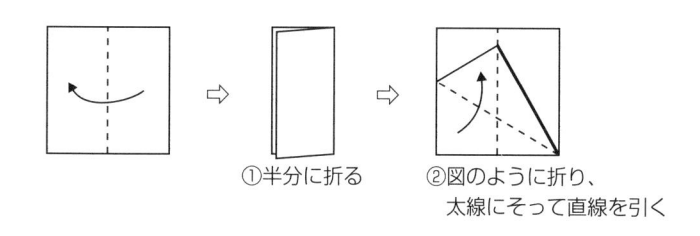

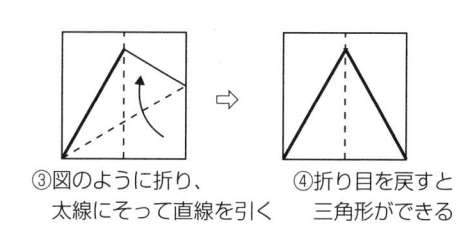

①半分に折る　　②図のように折り、
　　　　　　　　　太線にそって直線を引く

③図のように折り、　　④折り目を戻すと
　太線にそって直線を引く　　三角形ができる

このように折ると，②の折り方で底辺と右の斜辺は等しい。そして，③の折り方で底辺と左の斜辺は等しい。だから，右と左の斜辺同士も等しいとわかる。したがって，ここにできた三角形は「正三角形」だということになる。

この学習を使う。

今度は，Ａ４判長方形の半紙を２枚用意する。あるいはＡ３判用紙を半分に切る。

この半紙を図のように上の辺をそろえて，直交するように重ねる。

感動の出会いからの出発

①Ａ３判用紙を半分に切る

②直交するように重ね、斜線部を手前に折る

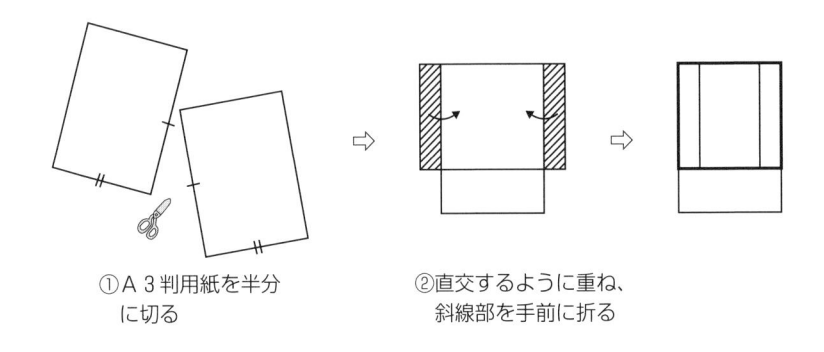

　ここで，重なっている所の形に注目する。

　当然，たてと横が同じ長さであること，かどが直角であることから，この形は「正方形」だとわかる。

　次に，重なりのない部分を折って糊しろとする。

　横は手前に折り，下は反対側に折って，のり付けするのである。

　こうすると，正方形の「袋」ができあがる。

　ここで，先の折り紙の操作を再現する。

　正方形の袋から正三角形の形を折って作るのである。

　最後に，正三角形の頂点より上の部分は，図のように折り返しておく。

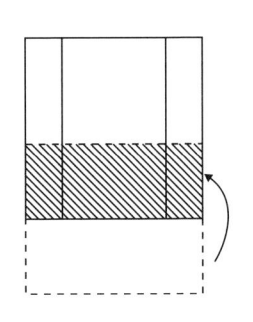

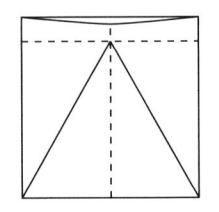

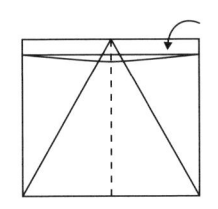

Ⅲ-5　使える（適用）力

ここまでできたら，この形をよく観察する。

真ん中に正三角形が1つ。ということは，この裏側にも同じ正三角形ができている。

そして，右側には正三角形の半分の形がある。これと同じものが裏側にもあるから，あわせてつながった1つ分の逆正三角形がある。

これと同じことが左側にもいえる。

だからここにもあわせてつながった逆正三角形が1つできる。

これで，この袋には合計4個の正三角形ができていることがわかった。

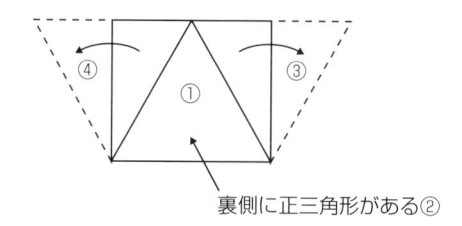

このことから，この袋を上手に広げると，面白い立体ができることになる。

袋の口を，垂直状態に開けるのである。自然に4個の正三角形で囲まれた立体，つまり「正四面体」ができあがる。

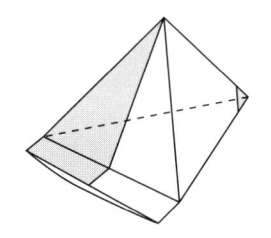

「正四面体」という立体についての学習はもっと上の学年でやることではあるが，小学生が正三角形を学ぶ機会があれば，これを使った立体に触れる機会があってもよい。

このように発展的ではあるが，1つの学習内容を使った活動は，多々取り入れることが有効であろう。

感動の出会いからの出発

さんすうコラム ②

「正多面体」は，いくつある？

　正三角形だけで囲まれた「正多面体」はいくつあるか。正多面体は，どの頂点にも同じ数の面が集まっている立体である。
　その中で，面が正三角形のものが対象である。正三角形が1枚や2枚では立体ができない。そこで頂点を同じにする3枚の正三角形が集まったものを考えると，これが「正四面体」となる。

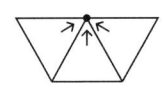

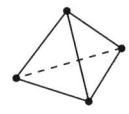

　次に，正三角形が1つの頂点に4枚集まるとどうか。図のように作ることが可能で，これは「正八面体」となる。

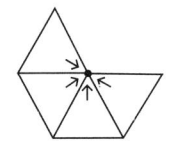

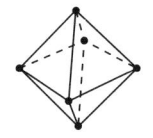

　さらに，正三角形が5枚ではどうか。これもできそうで，これは「正二十面体」となる。

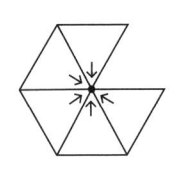

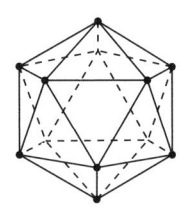

　そして，正三角形が6枚ではどうかと考えたいところだが，これでは，このまま平面を敷き詰めてしまう。だから，これは立体とならないことがわかる。
　したがって正三角形で囲まれる正多面体は，この3つしかないことになる。

III-6 創れる（創作）力
■ハンズオン・マスの活動

柱体の構成要素の関係

　ものづくりの活動は，子どもの手を使って体で感じ取る活動であるので，忘れないものとなる。これをぜひとも算数の授業に取り入れたい。頭で考えたことを実際の物に作り上げる活動は，**具体的な活用**ということにふさわしい。

　「ものづくり」といっても，ここでは，物を作るのみにあらず，物を操作することや，物を使うことなども含めて考えていきたい。

　ここでは，**「柱体」**についての例を示そう。

　三角柱・四角柱・五角柱・六角柱という柱体を工作用紙で作る。作りながら面と面のつながり具合などを知る。

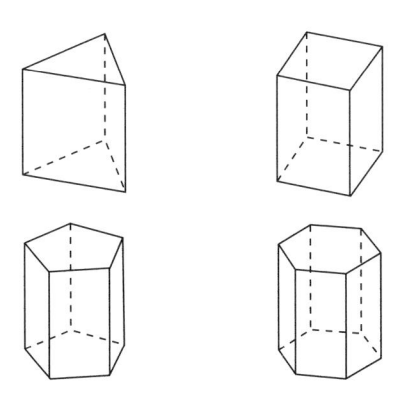

　そしてさらに，作った模型を見て，**「頂点」「辺」「面」の数の関係**を調べる。

	頂点の数	辺の数	面の数
三角柱	6	9	5
四角柱	8	12	6
五角柱	10	15	7
六角柱	12	18	8

　この表から，数の関係を導き出す。

　子どもはいろいろな決まりを発見する。

（C1）　頂点の数＝底面の頂点×2

（C2）　辺の数　＝底面の頂点×3

（C3）　面の数　＝底面の頂点＋2

　これらの発見は，どれも立体模型を見て気付いたことである。

　立体の仕組みから説明できることだ。

　（C1）は，上底面と下底面が合同で，その頂点を数えたと解釈できる。

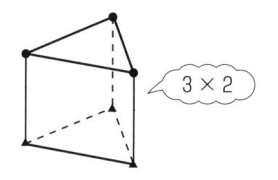

　（C2）は，底面の辺が上と下に同じだけあって，これで2倍，そして，側面にも同じだけあるから全部で3倍ということだ。

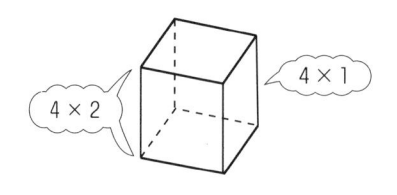

　（C3）は，側面の数が底面の頂点に対応し，上底面と下底面の2個がこれに加わることになる。

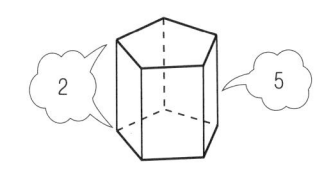

次に，表の中から３つの項目を関連づける発見がある。

(C４) 辺の数－面の数＝前の立体の頂点の数

これは，表の中の数を関係づけた答えを見出そうとした視点である。

具体的に見れば，四角柱の辺12から，四角柱の面6を引くと，三角柱の頂点の数と同じ6となっているということである。

例えば，次の表のようなところにこの数の関係を見出したということだ。15－7＝8といった具合になっている。

	頂点の数	辺の数	面の数
四角柱	8	12	6
五角柱	+2 → 10	+3 → 15	+1 → 7

頂点の数は２ずつ増えているのだから，これ（辺の数－面の数）は自らの立体の（頂点の数－２）としたほうがよいという意見も出る。

(C５) 辺の数－面の数＝頂点の数－２

これはなぜか。

先に見つけたきまりをもとに説明する。

　「辺の数＝底面の頂点×３」

　「面の数＝底面の頂点＋２」

　「頂点の数＝底面の頂点×２」

これをこの式にあてはめる。

　　辺の数－面の数

　　＝底面の頂点の数×３－（底面の頂点の数＋２）

＝底面の頂点の数×２－２
　　　＝頂点の数－２
ということになって，この下線部が頂点の数に等しいことがわかる。
　同様に，次のような式も発見される。言葉を簡単にして示す。
（C６）　頂点＋面＝辺＋２
（C７）　辺－面＋２＝頂点
（C８）　辺－頂点＋２＝面
　どうやら，２という数がどこにも登場するので，これが求められるような式（右辺に２がくるような式）に変形できないものかと投げかければ，次のような式ができる。
（C９）　頂点＋面－辺＝２
　これはまさしく，オイラーの定理である。
　これも「底面の頂点」との関係で説明できそうである。
　　　（底面の頂点×２）＋（底面の頂点＋２）－（底面の頂点×３）
　　＝２

> このように、いくつかの「柱体」を集めて、その中に見つかるきまりを発見する活動は、体験的な算数的活動となり、これこそがハンズオン・マスの活動といえるものである。

🍀 ハンズオン・マス

　この例のように，具体的な物を媒介にして算数的な内容を考察していく活動は「**ハンズオン・マス**」といえるものであるが，では，このハンズオン・マスの活動のよさは何であろうか。
　この「ハンズオン・マス」のよさについて考えてみよう。
　これまでの様々なハンズオン・マスの実践からいえることを考えてみた（シリーズ②『算数楽しく　ハンズオン・マス』p.50-51参照）。

まず，子どもの側から見たその活動のよさには次のようなものがあろう。

①頭で考えることの範囲を超えて，意外な場が構成できる（構成）。
②イメージの伝達ができて，実際の確認ができる（確認）。
③数学的な場面が拡張できる（発展）。
④創造的な力を身につけることができる（創造性）。
⑤体験して忘れない（身体知）。
⑥作品として残すことができる（作品化）。
⑦仲間と一緒に行うことができる（協同）。
⑧活動自体に楽しさを感じることができる（興味・関心）。

この活動はまた，教師の側から見ても別のよさが挙げられる。

（ア）教材を見る目を変える（教材観）。
（イ）教具を探す目を育てる（教具観）。
（ウ）教師自身がつくって楽しむ心を育む（作業）。
（エ）教科書とノートから離れた授業をめざす（授業観）。
（オ）子どもを見る目が変わる（評価観）。

つくって学ぶことの楽しさ

正五角形の作図を例にとって考えてみたい。
「正多角形」は「辺の長さと角の大きさが等しい多角形」としてまとめられる。
そして，小学生にはこの**正五角形の作図**では，**円との関連**で，図のように「**中心角**」を利用して画くように指導される。
これはまさしく**活用**の場面だ。
正多角形は，中心角が等しく分けられているという性質を用いて，この正五角形の中心角を5等分して画くという手法である。

このときの中心角は次のようになる。

360（度）÷ 5 ＝ 72（度）

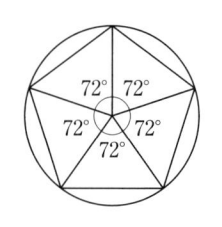

このことは，正五角形の性質を使った一つの活用場面であって，基本の定義にしたがって画いているわけではない。

やはり，基本のことができて，はじめて活用もできるようにしたい。

ここでは，「1辺が5cmの正五角形を画く」ことができるようでありたい。先の方法では，辺の長さが指定された正五角形は画けないのである。

では，1辺がきめられた長さの正五角形を画くにはどうしたらいいか。

それには「**内角**」がわかればいいことになる。

そうすれば，1辺5cmを測りとって，そこに内角○度をとり，これを連続的に続けるという手法が可能だ。

そこで，正五角形の内角を調べる必要がある。

正五角形の「内角の和」がわかれば，それを5等分すればいい。

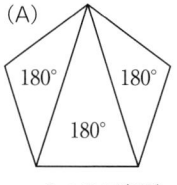

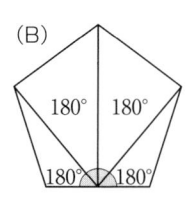

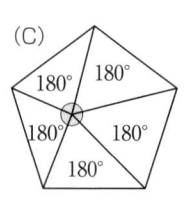

(A)
- 3つの三角形

(B)
- 4つの三角形
- 余分な180°を引く

(C)
- 5つの三角形
- 余分な360°を引く

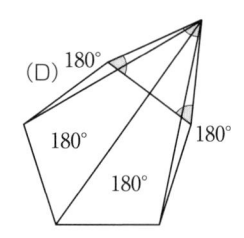

(D)
- 4つの三角形
- 余分な180°を引く

方法は多様だ。

（A）は，正五角形を，1つの頂点から対角線を引いて三角形に分けている。このとき，三角形の数は（5－2）で3つできるので，その内角の和を求める。

$180 \times (5-2) \div 5 = 108$

（B）は，辺上に点を取って，そこから各頂点に引いた直線によって三角形を作る。このとき，三角形の数は（5－1）で4つになる。

$\{180 \times (5-1) - 180\} \div 5 = 108$

（C）は，内部に点を取って，そこから各頂点に直線を引き，三角形に分割する。

$\{180 \times 5 - 360\} \div 5 = 108$

（D）は，図形の外部に点を取り，そこから各頂点に直線を引き，三角形に分割する。このとき，三角形の数は（5－1）で4つになる。

$\{180 \times (5-1) - 180\} \div 5 = 108$

このように，様々な方法がある。ある意味では，これらの方法を整理すれば発展的な考え方を育成することもできる。

つまり，「**三角形に分けることから，内角をわり出せる**」という共通の考えのもとに，あるときは**頂点**を中心に，ある場合は**辺上**に中心を，ある場合には**内部**に，そして，もしかしたら同じ考え方で中心を**外部**にとってもできるのではないかと考え方を広げることになる。

このような考え方を駆使して，内角の大きさがわかれば，これを使って作図が可能となる。

合い言葉は「**5cmとって，108度**」である。

これを繰り返せばいい。

図のように辺の長さが指定されても画けることがわかる。

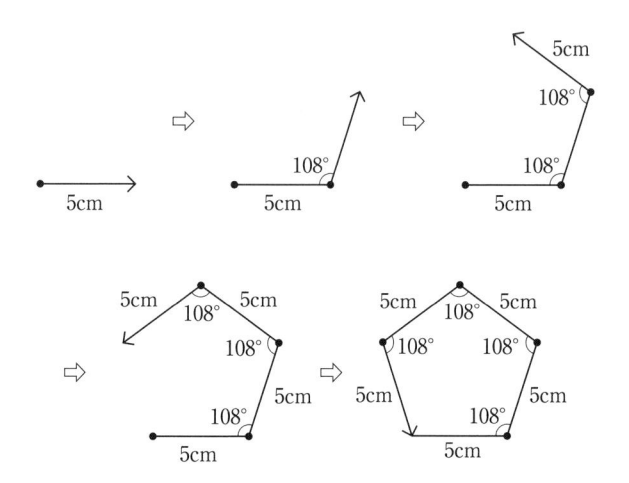

要するに，辺の長さが指定された正五角形を画くという大きな目的に向かって，そのためには，内角の和が必要になる。そのためにはどのようにして求めたらいいか。……といった常に追究の目的が登場して，1つずつそれを解決してついに当初の目的が達成される。

　このような活動を繰り返すことが，本当に算数を楽しいと思えるのである。

　ここでは，作図という「ものづくり」に具体例を取ったが，このような活動はいたるところにあるので，授業者はそれを考えることに力を注ぐべきであろう。

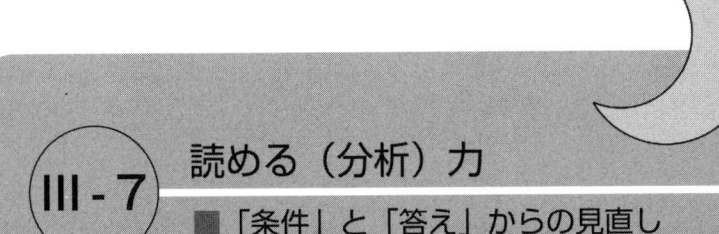

III-7 読める（分析）力
■「条件」と「答え」からの見直し

条件と答え

問題の解決にあたって**必要な条件を選択したり，不備を補ったりする力**は非常に重要である。

平素の算数の授業では条件に過不足なく，解答も1つに決まっているものばかりが提示され，これに対応することが繰り返される。

したがって，子どもは問題解決については，そこに登場する数値を使って，必ず答えが存在するのだという意識が知らず知らずのうちに刷り込まれる。

しかし，現実の問題には，条件が過多であったり，条件が不足していたり，あるいは，答えそのものもいくつもあったりすることがある。

そのような問題を当たり前とし，それに対応できる力を育成しなければならない。

「条件」と「答え」という視点で，算数の問題を分析してみよう。

「条件」には，「過不足がない問題」「過剰の問題」「不足の問題」という観点がある。

「答え」には，「1つに決まっている問題」「たくさんある問題」「1つもない問題」という観点がある。

これを表にしてみよう。

答え＼条件	過不足なし	過　剰	不　足
１つ	ア	イ	ウ
多様	エ	オ	カ
なし	キ	ク	ケ

　このように区分けして，それぞれの問題を考えてみたい。
　まず「ア」の部分では，**条件に過不足なく，しかも答えが一意にきまっている問題**であるから，これは教科書に登場するほとんどの問題であるといってよいので，具体例は割愛する。
　次に「イ」については，**条件は過剰で，答えは１つに決まる問題**である。この場合の問題が最近よくいわれるようになってきた。条件選択の能力を強調するのはこのような場合の問題である。
　例えば，文部科学省の「平成19年度　全国学力・学習状況調査問題」にあった「平行四辺形の面積」は，その典型である。
　基本的な問題のＡ（5（1））では，単純に図のような平行四辺形の面積を求めるものがあった。
　この正答率は96.0％となった。
　かなりの高得点である。

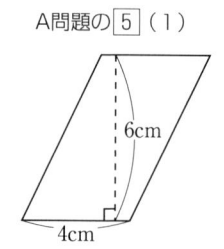

A問題の5（1）

6cm
4cm

　しかし，活用力を問うＢ問題（5（3））では，地図上の平行四辺形の面積を考えるものであり，不必要な長さの条件が添えてあった。
　この正答率は非常に低く18.2％である。

94　Ⅲ-7　読める（分析）力

B問題の 5 (3)

(3) ひろしさんの家の近くに東公園があります。
東公園の面積と中央公園のでは，どちらのほうが広いですか。
答えを書きましょう。また，そのわけを，言葉や式などを使って書きましょう。

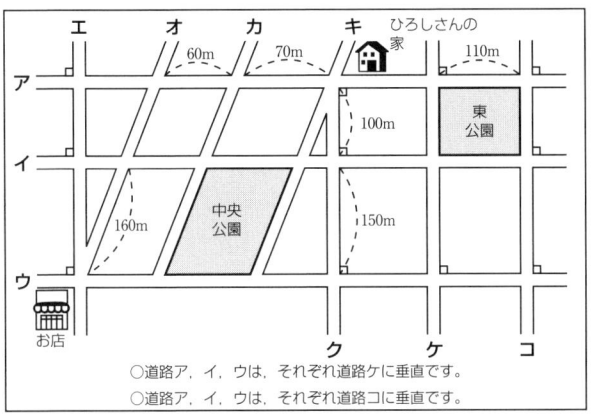

○道路ア，イ，ウは，それぞれ道路ケに垂直です。
○道路ア，イ，ウは，それぞれ道路コに垂直です。

　自ら必要な条件を選択して，解答を導き出すことについては，よくできないということがわかった。日常の授業で子どもの身につけていかなければならないことであろう。

　全国学力・学習状況調査の平成20年実施では，この平行四辺形の面積に関する問題は，次のようになった。そして，この結果は正答率85.3％であった。相当数の子どもの理解は得られている。

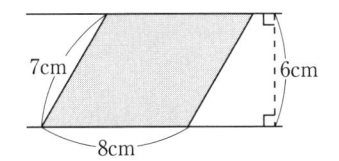

　さて，「エ」は，**条件に過不足なしで答えが多様な問題**である。これはオープンエンド・プロブレムである。

　このような問題はどうだろう。

　「ABの長さが12cmのとき，『AB：BC＝3：2』になるような点Cはどこにあるか」

「条件」と「答え」からの見直し　95

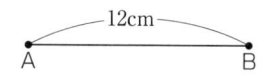

子どもの多くは，ABの直線を延長して，Bから8cmのところに点Cを決める。12：□＝3：2と考えて計算している。

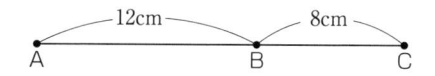

　しかし，答えは，果たしてこれだけか。ほかの子どもの中に，延長線を描くとき，少しばかり傾いてしまった子がいた。これを紹介すると，何か気付いたらしく，「そうか，ほかにもあります」と発言した。

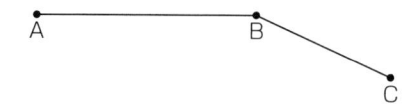

　そして，答えたのが，下の図のようなものである。Bを中心にして半径8cmの円周上の点ならばどこでもいいというのである。

　この円周上には当然直線AB上の点も含まれている。この直線上には2か所の点があり，平面全体を考えれば，円周上に無限に点があるということになる。

　そして，また，別の子が「それがオーケーならば，Bを中心にした球の面の上の点が全てあてはまります」と答えた。

　空間まで考慮すれば当然の答えである。

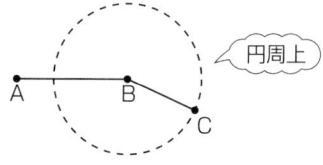

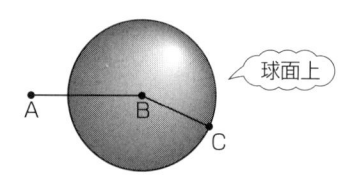

このような問題は，答えが多様であるから，オープンエンド・プロブレムといえるものだ。
　「オ」の問題はどうか。
　「オ」は，**条件が過剰になって答えが多様な問題**である。条件が過剰であるがために多様な答えが登場するとなれば，その条件は必要なのであり，過剰ではなくなるから，この問題は成立しない。
　「カ」は，**条件が不足で答えが多様な問題**である。
　これもオープンエンド・プロブレムの一種だ。
　例えば，「概数5000という数は，どのような範囲の数か」という問題。
　これは条件が足りない。何の位で四捨五入した数なのか，あるいは四捨五入でなくて切り上げとか切り捨てといった処理をした結果の概数なのかはっきりしない。したがって，場合分けをすれば，答えは多様になる。
　もしも，百の位で四捨五入したのであれば，この数の範囲は「4500以上5500未満」ということになり，もしも，十の位で四捨五入した数ならば，この数の範囲は「4950以上5050未満」ということになる。さらに一の位で四捨五入したという数ならば，この数の範囲は「4995以上5005未満」ということだ。
　このように，条件が不足しているときには，いくつかの**場合分け**をして答えなければならないので，このような問題の答えは多様になる。
　「キ」は，**条件に過不足はないが答えもない問題**ということだ。
　例えば，子どもがつくった「比例配分の問題」がある。
　「お母さんからお小遣いを1000円もらいました。兄弟2人で5：4になるように分けます。それぞれいくらずつになりますか」という問題である。
　これは，「1000÷9×5」と，「1000÷9×4」にする。しかし，1000は9ではわり切れない。そこで答えに窮するということになる。
　教科書に登場するこの手の問題は，きちんと答えが出てくるように数値が調整されていることがわかる。
　「ク」は，**条件が過剰なので答えがなくなる問題**である。
　1年生の「問題づくり」の活動の中に登場した問題を紹介しよう。

はじめの問題は「あかいお花が8本あります。きいろいお花が5本あります。ちがいは，なん本ですか」という問題であった。
　これをもとにして，自分で問題をつくるという活動である。
　ある子が次のような問題をつくった。
　「あかいお花が8本あります。きいろいお花が5本あります。むらさき色のお花が3本あります。ちがいはなん本ですか」
　これは答えられない問題となる。
　子どもは，条件を付け加えたので差を求められなくなった。なぜなら，**差を求めるのは2つの比較**においてだからである。
　このような問題を見ると，差の学習の際に，「『ちがいはいくつ』といったときには，2つのものについて比べているのですね」と確認をしておかなければならないことを感じる。
　最後に「ケ」は，**条件に不足があって答えがない問題**である。
　これはたくさん例がありそうである。
　「正方形の中にピッタリ入る円の面積を求めなさい」

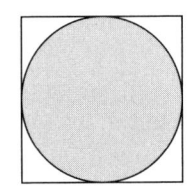

　このような問題は，解答できない，正方形の数値が示されていないからだ。正方形の1辺か，円の直径が示されていれば，計算をして答えられることになる。
　あるいは「**正方形の中にピッタリ入る円の面積の割合を求めなさい**」というのであれば，これは解決可能である。
　正方形も円もどんな大きさであっても相似形だから，その割合は一定である。したがって，この割合を求める問題ならば，大変面白い問題になる。

ちなみに、この割合は**78.5%**ということになる。このことがわかれば円の面積は1辺の長さが直径と等しい正方形の78.5%といえるので、その求め方も「**直径×直径×0.785**」という公式にもなる。

以上のように「条件」と「答え」という観点から問題を分析してみると、いままで気付かなかった様々なことがわかる。

教科書に登場する問題のほとんどが「条件に過不足なく答えが一意にきまっている問題」だということになる。

もっと様々な観点からの問題に対応する力がつかなければ子どもの活用力はつかない。

問題をしっかりと分析することは大いに必要になる。

統計資料の読み

様々なグラフを学習の対象とする。

多くは、グラフの読み方・かき方が主な学習内容だ。しかし、これだけでは充分な学習ではなかろう。

そのグラフが他のグラフと比べてどのような特徴があるのか、あるいはそのグラフをもとにしてどのように先を予測するのかといったことも大切な学習内容といえよう。

これも文部科学省の「平成19年度 全国学力・学習状況調査」の「解説資料（小学校算数）」の中に、「様々なグラフを関連づけて、グラフのもつ特徴を理解できるようにする」（p.49）として、次のような対比が示されていた。このような特徴がわかるような学習が大切であろう。

(例) 棒グラフと帯グラフの対比

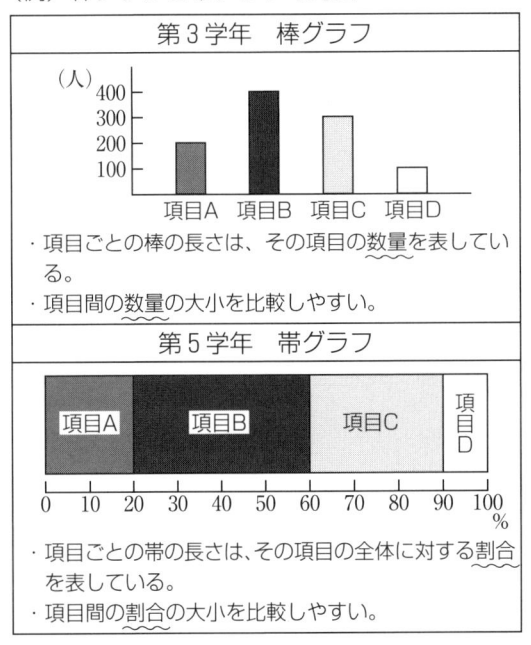

```
┌─────────────────────────────────┐
│      第3学年　棒グラフ           │
│  (人) 400                        │
│      300     ■                   │
│      200  ■  ■  ■               │
│      100  ■  ■  ■  ■           │
│         項目A 項目B 項目C 項目D  │
│ ・項目ごとの棒の長さは、その項目の数量を表してい │
│  る。                            │
│ ・項目間の数量の大小を比較しやすい。 │
├─────────────────────────────────┤
│      第5学年　帯グラフ           │
│  │項目A│ 項目B │項目C│項目D│   │
│  0 10 20 30 40 50 60 70 80 90 100│
│                              %   │
│ ・項目ごとの帯の長さは、その項目の全体に対する割合 │
│  を表している。                  │
│ ・項目間の割合の大小を比較しやすい。 │
└─────────────────────────────────┘
```

　ちなみに、「**棒グラフ**」は「**ひき算での較べ方**」であり、「**帯グラフ**」は「**わり算での比べ方**」である。

　あえて「較べ方」「比べ方」と書き分けた。これは、「比較」という熟語の両方の漢字は、訓読みで「くらべる」と読むが、その意味に違いがあるからである。

　「**較べる**」は「**差**」でくらべること。「**比べる**」は「**割合**」でくらべることである。

　このような知識も算数に関連するものである。

さんすうコラム　③

五円玉の話

◆ちょっとした面白い「五円玉」の話をいくつか紹介する。

　まず、「五円玉にはなぜ穴があいているのか」。

　日本の穴あきコインは外国人には珍しいようである。

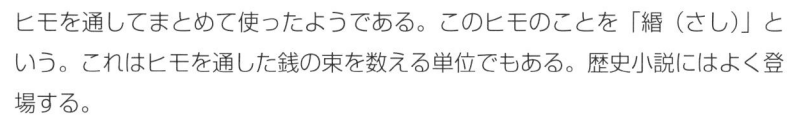

　古い銭には穴のあいているものがあった。ヒモを通してまとめて使ったようである。このヒモのことを「緡（さし）」という。これはヒモを通した銭の束を数える単位でもある。歴史小説にはよく登場する。

　五円玉1000枚を、ヒモを通してつなげてその重さを量ってみると、なんとちょうど「1貫」になる。「貫（かん）」などという重さの単位を知る人は少なくなった。「尺貫法」の重さの単位である。1貫は3.75kg。

　生まれたばかりの大きな赤ちゃんの体重ぐらいであろうか。

　このことから、五円玉1個の重さがわかる。1貫の千分の一だから、3.75gとなる。kgからgに単位を換えただけである。

　この重さを、昔は「1匁（もんめ）」といった。

◆ちなみに、「一円玉」は、算数の活用例としてよく教科書にものっている。重さがちょうど1gになっている。

　重さの学習の際に、針金ハンガーなどを使って、「手づくりの天秤」をこしらえ、これで物の重さを量ることができる。もちろん分銅は「一円玉」。

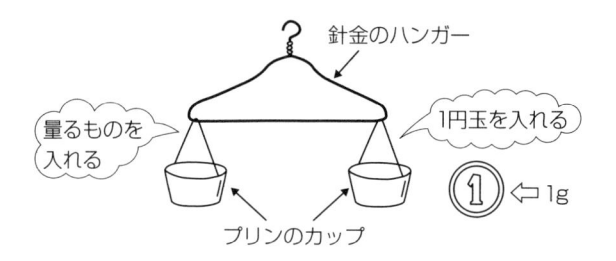

では五円玉何個と一円玉何個でちょうどつり合うのかを考えてみたい。

3.75×□＝1×○を考えることになる。一円玉は常に整数になるので、五円玉が整数になるときを考えればよい。

$0.75 = \frac{3}{4}$だから、これは4倍すれば整数になる。

このことから、3.75×4＝15なので、五円玉4枚と一円玉15枚がつり合うことがわかる。五円玉の20円が一円玉の15円とつり合うのである。

◆次に、「五円玉にはどのような絵が描いてあるか」。

これは社会科の問題である。

上半分には「稲穂」が描かれている。このことはよく知られている。「農業」の象徴なのである。

下半分は横線が何本か描かれている。これは「海」で「水産業」の象徴。さらによく見ると、穴の周りにギザギザの模様が描かれていることを発見する。ちょっと気付きにくい。これは「歯車」で、「工業」の象徴となっている。

日本を代表する産業を象徴する絵が描かれているということなのである。

裏を返せば、両側に小さな「木の芽」も見つかる。これは「林業」の象徴かもしれない。

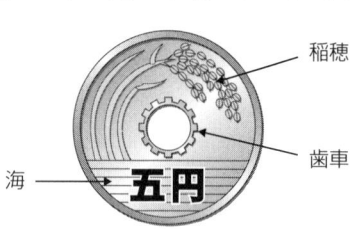

◆今度は、五円玉の穴の直径を測ってみよう。

ちょうど「5mm」ではないか。これも面白い。

以前、このことを使って研究授業をしたことがある。

「五円玉を持って手を伸ばしたとき、この穴の中に『満月』が入るか」という問題である。

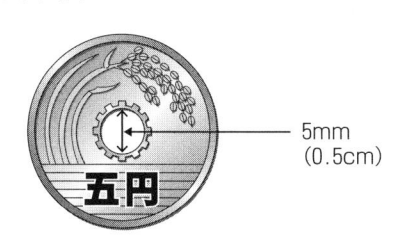

手を伸ばしてみると約50cm。これに対して五円玉の穴の直径は0.5cm。半径50cmの円と、この穴の直径の比から、360度に対するこの角度の比を求める。

計算すると、これが約0.6度。

理科年表を調べてみると、月の「視覚」が0.5度となっている。要するに月は水平線から天頂までに180個並ぶということである。星どうしの関係は、この「視角」を使って表す。

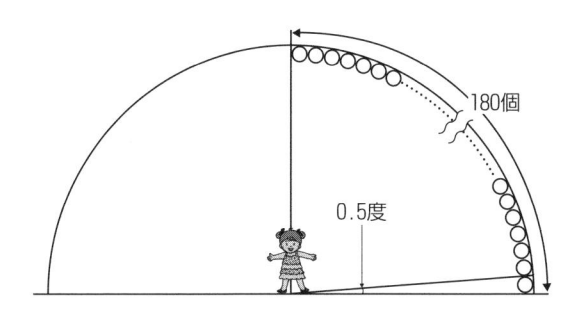

この計算で、五円玉の穴の大きさを角度で表したものと比べると、月のほうが小さいことがわかった。

満月が五円玉の穴に入って見えるという結論となる。

実際に満月の日に、これをやってみると、五円玉の穴から満月が見えて感動である。

$360°：x°＝(50×2×3.14)：0.5$

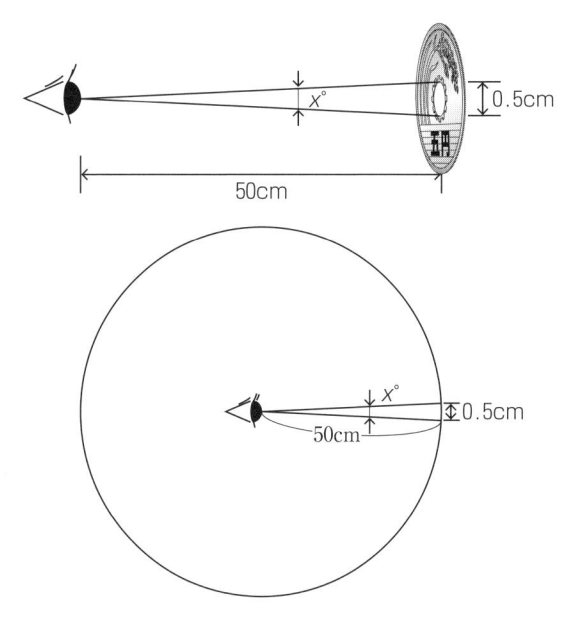

$$x=\frac{360×0.5}{50×2×3.14}=\frac{180}{314}≒0.573……$$

◆最後にもう一つ。

「五円玉を水につけて、そっと持ち上げるとどんなことが起こるか」。

表面張力で穴の中に水が張る。そしてこれが「レンズ」になる。これはぜひ自分で試して納得してみるといい。

上手に持ち上げると、凸レンズになって、これを新聞紙の上にかざせば老眼鏡。振動で凹レンズになってしまう場合もある。

この理科の問題もぜひお確かめあれ。

(断面図)　　　五円玉
　　　　　　　水

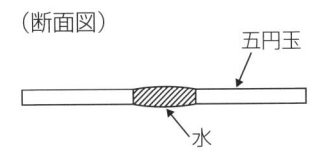

◆ちなみに、この一円玉は半径が1cmである。これまたぴったりの数値。
　これは長さの学習の単位にできそうである。一列に並べれば、2cmの単位で物の長さが測れる。

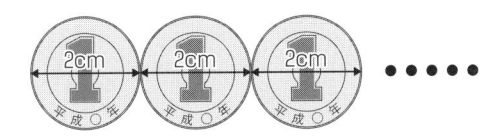

◆さらに、この「一円玉の面積は」どのようになっているか。半径が1cmだから、1×1×π（cm²）ということになる。
　このことは、一円玉の面積の数値が「π」そのものだということを表している。

◆このような面白いことを、私の教えた子どもらは、私が「知っていると得をする」と言えば、「知らなくても生きられる」と応えた。愉快な子らである。

さんすうコラム③

IV

問題づくりの授業について

IV-1 問題づくりの方策 12
■実践にあたっての留意点

🍀 問題づくりの授業をはじめるために

　問題づくりの授業では，いざ自分でこのような授業を実践してみようとすると，なかなか一歩を踏み出すのが大変である。

　そこで，このような授業に取り組んでみようと思っている教師がどんなことを知って取りかかってみるとよいかを考えてみたい。

　一応の順序を踏まえながら，次のように3段階 12の項目を問題づくりの方策（ストラテジー）として挙げてみる。

第1段階（事前の理解のために）
　その1　問題づくりの授業の精神を知ること
　その2　問題づくりの授業の長所・短所を知ること
　その3　問題づくりの授業の具体的な授業例を知ること
　その4　問題づくりの授業に対する疑問点を出すこと

第2段階（実践にあたって）
　その5　問題づくりの授業の扱い全体の流れを把握すること
　その6　はじめの問題を選択すること
　その7　子どものつくる問題を予測してみること
　その8　授業案を書いてみること
　その9　授業を実践してみること

> **第3段階（事後の処理のために）**
> 　その10　授業の実践における子どもの反応を分析してみること
> 　その11　これまでの自分の授業と比較してみること
> 　その12　問題づくりの授業の取り組みに対する反省をまとめること

以下，この各項目に従って具体的に説明する。

問題づくりの方策

第1段階（事前の理解のために）

その1　問題づくりの授業の精神を知ること

　問題づくりの授業がなぜ必要なのかを，ふだん実施している算数の授業と比べて考えてみる。

　平素行われている算数の授業では，次のような欠点がよく指摘される。

①教科書や教師の与える問題を子どもが解決していくだけの活動となってしまいがちである。

②一人一人の子どもの問題意識を特に考えることがなく，いつも全体が対象となる活動になる。

③授業の最後には教師がまとめをする。それによって，子どもが一方的に教え込まれ，知識的事項が多くなってしまう。

④決まりきった系統の上にのった，自由度の少ない授業になっている。

　これに対して，ここでいう問題づくりの授業では，次のような特徴を考えることができそうである。

①**問題を子ども自らがつくるという活動になっている。**これは，創造的な活動そのものといえる。

②**はじめの問題がもつ数学的な意味をはっきり捉えることができる。**

③**個人に深く関わった問題として授業をしくめる。**子どもの知的な探求心を喚起するものとなる。

実践にあたっての留意点　109

④**教材の系統性・関連性を子ども自らが発見できる。**

　このことは，21～22ページに書いた「子どもが問題をつくることの意義」に同じである。

　その2　問題づくりの授業の長所・短所を知ること

　問題づくりの授業を何度か実践してきた経験や，子どもの感想などから，あるいは，このような授業をはじめて経験しようとする教師の意見などを分析すると，その長所・短所のいくつかを挙げることができる。

　長所としては，次のようなことである。

①子どもが積極的に授業に参加し，発表の回数が多くなる。

②既習の知識や技能を統合的・発展的に用いる機会が多くなる。

③学習が遅れぎみの子どもでも，それなりに何か意味のある解答や問題づくりができ，その結果，授業に関心をもつようになる。

④発見する喜び，他人に認められる喜びを多く経験することができる。

　短所としては，次のようなことがいえそうである。

①いつでも数学的に価値のある，発展性のある問題の場面をつくれるとは限らない。

②問題をつくるという指示の仕方が難しいので，はじめの段階では子どもが何を答えていいか戸惑うこともある。

③能力の高い子の中には，問題をつくるという活動では，答えが多様だったり，答えが明確でなかったりするため，時には不安をもつようになる。

④はっきりしたまとめがつきにくいので，教師のほうでその授業のねらいが達成されていないと思いこみ，不安になる。

⑤一連の活動の中で，問題点がはっきりしてくると，それに時間がかかりすぎてしまう。

その3 問題づくりの授業の具体的な授業例を知ること

例を一つ挙げよう。4年生の小数の計算を使った問題づくりである。
①**はじめの問題を考える**

> 道のかたがわに，さくらの木を10.8mおきに植えます。
> 28本植えると，はじめの木から終わりの木までは何mになりますか。

この問題を子どもに考えさせる。

ある程度小数のかけ算について学習したあとの問題解決であるから，この問題の解決にはそう手間どらない。下にあるような図を提示して説明を加えれば植木算の仕組みを理解することはそう難しくない。

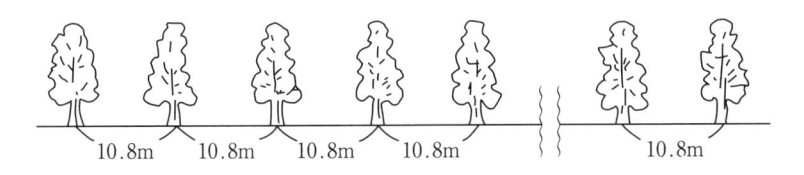

$$10.8 \times (28-1) = 291.6 (m)$$

しかし，これはあくまでも，さくらの木が10.8mおきに，28本植えられているという特殊な場合の問題である。少なくとも，この問題を一般化するためには，さくらの木が何本の場合でもできなければならないし，木と木の間が何mでもできなければならない。そのようなことを教師のほうから投げかけて考えさせるのも一つの手段ではあるが，ここでは，子どもが問題をつくるという方法によって子ども自身に考えさせる。

②**問題をつくる**

さて，はじめの問題を解いた段階で「いま解いた問題に，似ている問題を自分でつくってみましょう」と問いかけてみる。

すると，たちまちのうちに次のような質問がとびだす。

実践にあたっての留意点　111

⑦数字をかえてもいいですか。
④道を両側に作ってもいいですか。
⑨1周する道にしてもいいですか。
④道ではないものにしてもいいですか。
⑦つけたしの図を問題の中に入れてもいいですか。
⑪計算をかえてもいいですか。
⑪求めるところをかえてもいいですか。
⑨答えを考えるのですか。
⑦数を小数でないものにしていいですか。
⑤木ではないものにしてもいいですか。
⑪複雑な問題にしてもいいですか。
⑨単位をかえてもいいですか。

　このような質問にはおおむね「よし」と答えておく。幅広く，はじめの問題の発展を考えたいからである。
　ただし，⑨の「答えを考えるのですか」の問いに対しては，否定的であるが，問題をつくるときには，「答えまで考えなくてもよい」と言う。
　なぜなら，答えを先に考えてしまうと，必ず答えの見つかる問題ばかりをつくり，つくられた問題から新たに答えを吟味していく活動がなくなってしまうからである。設定された問題について，その解答を考えていく過程で生み出される様々な数学的活動をはじめから無にしてしまうことになるからである。
　これらの質問のやりとりをする中で，子どもは，かなりのところまで，問題のつくり方のヒントを得ていると考えられる。
　さて，この問題から子どもがつくったいくつかの例を紹介すると，次のようである。
　4年生のまさひで君は3つの問題をつくった。これを見てみる。

〈1人の子どものつくった実際の問題例〉

> Ⓐ　道のかたがわに，かえでの木を39.2mおきに植えます。31本植えると，はじめの木から終わりの木までは何mになりますか。
> Ⓑ　道の両がわに家を30.2mおきでたてます。59戸たてると，はじめの家から終わりの家まで何mになりますか。
> Ⓒ　円周62.4kmの池のまわりにリンゴの木を14.2mおきに植えようと思います。何本植えればいいでしょう。

　まさひで君のⒶの問題は，さくらの木がかえでの木になり，木と木の間が39.2mに変わった。また28本が31本になった。はじめの問題の数値を入れかえて考えようとしている。
　この問題が解決できれば，はじめの問題もよく理解できているといえる。
　Ⓑの問題は，もちろん数値も変わったが，最も異なるところは，道の両側に家を建てるところである。
　はじめの解法を使いつつも2倍して答えねばならない。さらに，この問題では，木が家である。このような問題では当然，家の幅も問題となる。このあたりも子ども自身に考えさせたいところだ。
　Ⓒは，場面を直線から円にしている。
　しかも，問題の仕組みがかけ算ではない。木の本数を求める問題である。つまり，わり算の問題である。しかも，「小数÷小数」の問題である。
　4年生の子どもに，この問題を考えさせるのは大変難しいが，立式ならできる。なぜならこの問題はすでに，この子の問題として成り立っているからである。この場合，答えを考えるのは，後日にまわしてもよい。問題は答えまで考えてはいないので当然わり切れる問題ではなく，その際には，答えの処理の仕方も考えさせるよい場面となる。
　1人の子どもの問題を吟味しても，このように面白いものが含まれている。40人もの問題のなかには，数学的考え方を含むよい問題がたくさんある。

実践にあたっての留意点

③つくられた問題を考える

　学級の友達がつくった問題を，全員で考えていく。このとき，子どもがつくったすべての問題を考えたのでは時間がないので，これは，教師がチェックして個別に考えさせる。そこで，代表的なものを一つ選んで，それについて考えていくことも一つの方法として考えてよい。
　ここでは，かよ子さんの次の問題を皆で考えた。

> 12kmの道に48本のもみじの木を植えます。
> 木と木の間は何kmになりますか。
> 木は両はじにも植えます。

　これについては，次のような解法が出された。
　　⑦ $12 \div 48 = 0.25 (km)$
　　④ $12 \div (48 - 1) = 0.25531 \cdots\cdots (km)$
いかにも，⑦のほうが合っているように思われる。
　しかし，正しいのは④のほうである。答えはわり切れないのである。
　質問してみると，問題をつくったかよ子さん自身も，⑦の方法で答えている。つまり彼女は，植木算の仕組みを逆に捉えたときに誤ってしまったのである。
　これについては図解をし，④の方法が正しいことがわかった。
　答えがわり切れない問題になってしまっているが，ほかの子どもは，これについてどうしようとしたかについて興味がある。
　子どもは，この問題をよい問題に手直ししてやろうということにした。
　問題の手直しには，いろいろな方法が考えられる。
　子どもの考えた方法は，次のようである。
　⑦問題の最後に，「答えは，およその数で出しましょう」と付け加えればいい。
　④48本の木を49本にすればいい。
　⑨道の長さを12kmでなく，47でわれる数，例えば，11.75(0.25×47) kmに
　　すればいい。

㊤このままの数字で，道を池のまわりというようにすればいい。

子どもの柔軟な考え方による手直しの方法には素晴らしさを感じる。

この㋐から㊤の方法で問題を手直しすれば，かよ子さんのつくった問題が充分に生かされる。しかも，この手直しの仕方を考えることで，より深く問題の仕組みが理解できたわけである。

その4　問題づくりの授業に対する疑問点を出すこと

この授業の主旨を読んだ段階（「その1」から「その3」まで）でいくつかの疑問点が出せるであろうか。もし実際に授業をしてみようとするならば，様々な質問事項が挙げられるはずである。

例えば「子どもに問題をつくらせるとき，どんな発問をしたらよいのか」「はじめの問題にはどんな問題が適しているのか」等々たくさんあると思う。

このような疑問点を気付くごとに書き上げ，それに対する解答も，自分で気付いたものや，文献で調べたもの，あるいは何度か実践してわかったことなどを，Q&Aの形でカード化しておくと，それが積み重なってよりよい授業や研究を進められることになる。

一例を示しておこう。

Q　はじめて，こういう学習を経験する子どもを指導するときには，どのような配慮が必要か。

A　はじめてこのような学習をする子どもには，初発の発問だけではうまく教師の意図が伝わらない場合も考えられる。

そのため次のようなことを配慮する必要がある。

第一に，基本的には，算数・数学の問題がすでにつくり上げられていて身動きのとれないものであるといった考え方をまず捨てる必要がある。これは教師側にも，子どもの側にもいえることである。

すなわち，固定的な考えから，流動的な考えに変えておかなければ，うまく問題を発展させていこうとするところに無理が生じる。

第二に，実際に問題をつくらせていく場合，あらかじめ具体的な子どもの反応に対する手立てを考えておく必要がある。例えば，問題を発展させてい

くことの具体例がわからない児童に対しては，他の児童の例を見せてやることは有効な手立ての一つである。また，はじめの問題の変えられる部分を問うこともよいし，どのようにしたら，問題を発展してつくっていけるかを聞いてやるのも手立てのうちに入る。

　第三に，はじめの段階では，どんな問題であっても，問題ができた子どもに対しては励ましの言葉を与えてやることが大切である。

　教師側のほうで収束的なねらいをもってしまうと，考えていた方向と異なる問題づくりをする子どもを無視しがちになる。これはあまり好ましいことではない。

　子どもにとって問題がつくれたということは，とても大きな喜びであって，それを助長するような方向で対処していく必要がある。

　第四に，解けない問題や，不備な問題がつくられたとき，これを上手に取り上げることも必要である。

　子どもも教師も，解けない問題では意味がないと思いがちである。

　しかし，解けない問題のなかにも，新しい発見の含まれている場合があったり，どうすれば解けるようになるかといったことを考えさせるのに充分使えるものもある。

　また，不備な問題でも条件をどうすればよいのか，文章や図形をどう変えれば問題として成り立つのかといったことを考えさせればよい。これらのことは，よりよい数学的な活動といえる。

　第五に，授業の中で取り上げられなかった子どもの問題に対して，事後には個別に指導助言するとか，より多くの問題をプリントしたりして，他の子どもに紹介していくとよい。

　つまり，子どものつくった問題をそのまま放置せず，なんらかの形で活用していくといったことも心がけておきたいことである。

第2段階（実践にあたって）

その5　問題づくりの授業の扱い全体の流れを把握すること

　実際の授業にあたっては，問題づくりに関する数時間分の全体の流れを知っておきたい。概ね，次のような流れである。

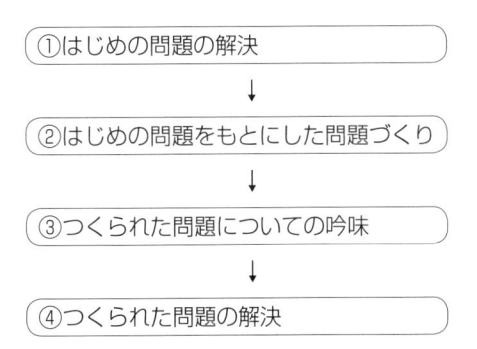

①はじめの問題の解決
↓
②はじめの問題をもとにした問題づくり
↓
③つくられた問題についての吟味
↓
④つくられた問題の解決

　②の問題づくりの場面では，子どもが問題をつくる方法は様々だが，大別して次のようなものが考えられる。

（ア）数値をかえて問題をつくる。
（イ）事物をかえて問題をつくる。
（ウ）図形をかえて問題をつくる。
（エ）類推して問題をつくる。
（オ）逆の構成にして問題をつくる。
（カ）複合して問題をつくる。

　また，③についての吟味の活動には，次のようなことが考えられる。

> （ア）問題を読んで，はじめの問題との相違を話し合う活動
> （イ）いくつかの観点を決めて，それに従った分類をする活動
> （ウ）つくられた問題が解けるものか解けないものかを考える活動
> （エ）解けない問題や不備な問題を抽出して，それを手直しする活動
> （オ）解き方に焦点をあてて，解法の一般化をはかる活動
> （カ）逆の問題などを取り上げることから，問題の仕組みを明確にさせていく活動

その6　はじめの問題を選択すること

　はじめの問題は，それをもとにして問題の発展を考えていくのであるから，豊富な問題づくりができる問題がのぞましい。
　つまり，次のようなものをもっている問題といえる。

(a) 一般化の方向を考えやすい問題
　数や事物の変更が容易にできる問題，また，図形が入っている問題では，基本的な平面図形，あるいは立体図形の中での辺や面の数や角の変更が容易にできる問題がそれにあたる。

(b) 類推的な考えで問題がつくれそうな問題
　同じ演算の仕組みで，使われる意味の異なる場合がいろいろある問題，また，加減の問題から容易に乗除の問題が考えられそうな場合，さらに，平面図形から立体図形を想起できそうな場合の問題などである。

(c) 逆の構成が可能な問題
　条件と結論の部分がはっきりしていて，それを入れかえることによって問題がつくれるようなもの。
　この場合，条件が2つあれば，その構成も2通りになるので，条件があまり多くない問題のほうがよい。

(d) 組み合わせて新たな構成が容易にできる問題
　立式した場合に1つの式で解けるような問題で，それに加えて，別のもう一つ以上の計算を加えて新しい問題構成が簡単にできるような場合の問題である。

その7 子どものつくる問題を予測してみること

「その5」のところで紹介したような子どもの問題のつくり方を基準にして,次のように大別して予測してみるとよい。この予測を次に示すような分類表(チェックカード)に表せば,授業を実際に行うときに役立つであろう。

A（発展性の高い問題）
　①構造が同じで全く問題場面を異にした問題
　②逆の構成にしている問題
　③類推して考えられるような問題
　④組合せで,2段階以上の思考を要する問題

B（はじめの問題に近い問題）
　⑤数値をかえた問題
　⑥事物や形をかえた問題

C（手立ての必要な問題）
　⑦条件の不足している問題
　⑧条件の過剰な問題
　⑨条件の過不足はないが答えのない問題
　⑩はじめの問題からかけはなれてしまった問題

《はじめの問題》

> マッチぼうを使って,図のように正方形を横につなげていきます。
> 正方形が5こになったとき,マッチぼうの数は何本になりますか。

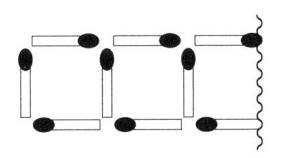

実践にあたっての留意点

《子どものつくる問題の予測》

	児童のつくる問題例	つくられた問題に対する評価
A 発展性の高い問題	①学級文庫に本が１冊あります。これから毎月３冊ずつ増やしていくと，５か月後に本は何冊になりますか。 ②マッチぼうを使って，図のように正方形をつなげていきます。マッチぼうが16本になったとき，正方形はいくつできますか。 ③マッチぼうを使って，図のように立方体を横につなげていきます。立方体が５こになったとき，マッチぼうの数は何本になりますか。 ④マッチぼうを使って，図のように正方形をたて・横につないでいきます。正方形が25こになったとき，マッチぼうの数は何本になりますか。	①同じ構造をもつ別の場面にした問題 ②逆の構造にしてつくった問題 ③立体にかえた問題 ④平面的な広がりに目をつけた問題
B はじめの問題に近い問題	⑤マッチぼうを使って，図のように正三角形を横につなげていきます。正三角形が５こになったとき，マッチぼうの数は何本になりますか。 ⑥マッチぼうを使って，図のように正方形を横につなげていきます。正方形が12こになったとき，マッチぼうの数は何本になりますか。	⑤正方形の部分を他の形に変えた問題 ⑥数値に着目してつくった問題

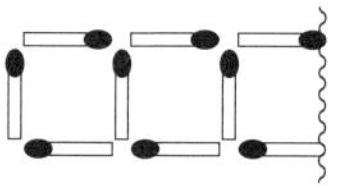

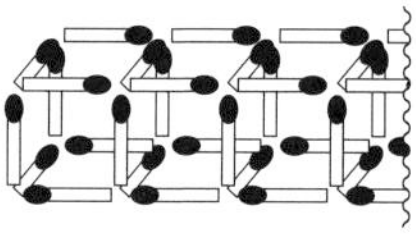

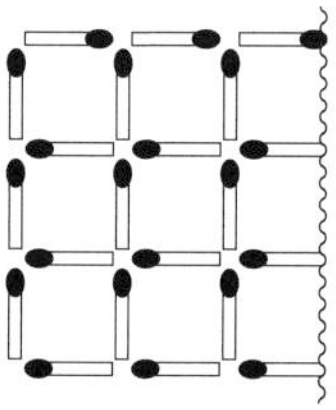

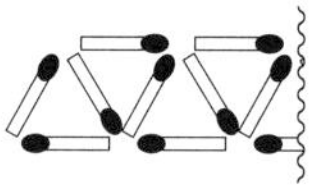

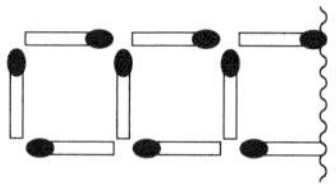

	⑦えんぴつを使って，図のような正方形を横につなげていきます。正方形が5こになったとき，えんぴつの数は何本になりますか。 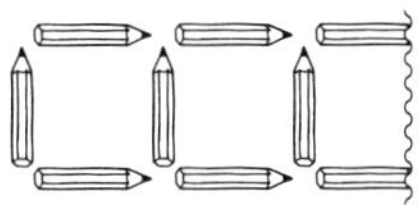	⑦事物に着目してつくった問題
C 手だての必要な問題	⑧つまようじが36本あります。このつまようじを全部使って，図のように正方形をつなげていきます。正方形はいくつ作れますか。 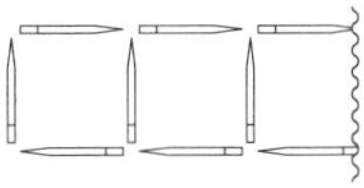	⑧逆の構成にしているが，答えの得られない問題
備考	④に類する問題では，マッチぼうを2段組みにしている場合が多い。はじめの問題を扱うときには，実際のマッチぼう等の操作活動が有効となる。	

その8　授業案を書いてみること

　授業案は授業を実践する人自身が書くものである。事前に吟味のために相談することはよいことだが，最後の責任を自分がもつ意味でも，自分の主張を出す意味でも，一人で書くことがよいと思われる。

　次ページ以降に，5年の「割合」の単元での問題づくりの例を示す。

第5学年 「割合」授業案

1. 指導目標

　割合の意味，およびその求め方を日常生活場面の問題を解決することから発見的に理解させること。さらに，割合を求める問題から類似の問題や逆の問題を考えることで，「比べられる量」や「もとにする量」の求め方に発展できるようにする。

2. 題材の取り扱いについて

　2つ以上のことがらを比較する際に，割合を用いて比較しなければならない場面を設定し，基準量を同じにすることによって比較できるという考え方を見つけさせる。さらに基準量を1と見た場合や100と見た場合（百分率）などの，比べる量の表し方から割合の考え方を導き出したい。

　また，ここでは割合を求める一つの問題解決場面から，類似の問題や逆の問題を考えて，つくらせる。

　つくられた問題を吟味していくことによって，比べられる量を求める問題や，もとにする量を求める問題が設定できることに気付き，自分の問題としても意識できた段階で，その解決の方法を考えるといった取り扱いをする。

3. 指導計画

　第1時　買い物の場面から，安売りの程度を定価に対する売り値の割合で比較できることを知る。

　第2時　割合の求め方，および割合の表し方に百分率等もあることを知る。

　第3時　割合を求める問題を解決し，それをもとにしていろいろな問題をつくる。（本時）

　第4時　つくった問題を観点を決めて分類し，比べられる量やもとにする量を求める問題をつくることができる。

　第5時　児童がつくった問題を利用して，比べられる量を求める問題が解決できる。

　第6時　児童がつくった問題を利用して，もとにする量を求める問題が解決できる。

　第7時　割合についての学習をまとめる。

4．本時の指導

(1) 本時のねらい

①買い物の場面から，定価と割引きをした金額から割引率を求めることができる。

②はじめの問題をもとにして，問題を発展的に考え，つくることができる。

(2) 展開

学習活動	主な発問と予想される反応	・指導上の留意点 ・評価と手だて
1．問題を把握する	「次の問題を読んでみましょう」 洋服を買いました。 定価は3000円でした。 150円安くしてくれました。 定価の何%安くしてくれたのでしょう。	・問題を黒板に提示する。 ・定価という言葉についての質問が出たら，洋服の表示された値段であることを言う。
2．問題を解決する	「この問題を解いてみましょう。考え方，式などは，用紙に書きましょう」 C全（個別に解決）	・ワークシートを配布する。
3．解決の方法を発表する	「この問題について，解き方，答えを発表してください」 C_1　$150 \div 3000 \times 100 = 5$（5%） C_2　$150 \div 3000 = 0.05$ 　　　$0.05 \times 100 = 5$（5%） C_3　$\dfrac{150}{3000} = \dfrac{1}{20} = 0.05$（5%） C_4　$3000 - 150 = 2850$ 　　　$2850 \div 3000 = 0.95$（95%） C_5　$3000 \div 150 = 20$（20%） C_6　$150 \div 3000 = 0.05$（0.05%） （ほか）	・C_1とC_2は百分率の求め方が理解されている。 ・C_3は分数を使って約分してから割合を求めている。 ・C_4は実際の売り値の割合を求めているので，問題は割引率をきいていることを助言する。

実践にあたっての留意点

4．解決の仕方を確認する	「解き方を，ことばの式や，線の図でまとめると，次のようになります」 　150 ÷ 3000 ×100 ＝　5 （比べる量）÷（もとにする量）×100 ＝（割合） 　　　　　　　　　　　　　　　　（百分率） 　0　150円　　　　　　　3000円　（値段） ├──┼──────────┤ ├──┼──────────┤ 　0　0.05　　　　　　　　1　　（割合）	・C_5 は割合の求め方を十分理解していない。 ・C_6 は百分率の意味が理解されていない。 ・$C_5 C_6$ に対しては解決の仕方を言葉の式や図解を通して確認させる。
5．はじめの問題をもとにして，新しい問題をつくる	「はじめにやった問題をヒントにして，そこから考えられる問題を自分でつくってみましょう。」 （割合を求める問題） 　C_7　おかしを買いました。 　　　定価は2000円でした。 　　　200円安くしてくれました。 　　　何％安くしてくれたのでしょう。 　　　　　　……＜買い物の場面＞ 　C_8　プールに水が入っています。 　　　水の量は300㎥です。 　　　15㎥だけへらしました。 　　　何％へらしたのでしょう。 　　　　　　……＜買い物以外の場面＞ （比べる量を求める問題） 　C_9　洋服を買いました。	・問題がすぐつくれないようなときには質問を聞いたり，つくる手だてをいくつか確認することも考える。 （例）「どこを変えて，問題がつくれるでしょう。」 ・左記の例以外に，複雑な割合を利用した問題や条件不備な問題もつくることが考えられる。個別に指導するか，多い場合には，全体の討議の場で扱う。

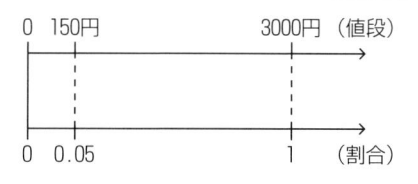

	定価は3000円でした。 5％安くしてくれました。 いくら安くしてくれたのでしょう。 (もとにする量を求める問題) C₁₀　洋服を買いました。 150円安くしてくれました。 これは定価の5％です。 定価はいくらだったのでしょう。 （ほか）	
6．つくられた問題を発表させ，問題のつくり方を吟味する	「では，つくった問題のいくつかを発表してもらいましょう」 「どこをどうかえてつくったのかを，見つけて言ってみましょう」 C₁₁　数字がかえられている。 C₁₂　物がかえられている。 C₁₃　割合を求める問題ではない。 （ほか）	・何人かの典型的な例を提示させる。 ・つくった子ども以外にもつくった問題を考察させる。 ・比べる量や，もとにする量を求める問題が出てくると，はじめて，求答事項に着目できると考えられる。
7．逆の見方でつくった問題が構成できることに気付かせる	「はじめの問題は，『割合』を求めていたけれど，いくつかの問題では，『比べる量』や『もとにする量』を求める問題がつくられていましたね。みんなのつくった問題はどうでしたか」 「このような問題も見方を変えるとつくれるようですから，次の時間には，自分でも	・言葉の式や，図解に振り返って求答事項の違いに目を向けさせ，自分のつくった問題も見なおさせる。

実践にあたっての留意点　125

つくりなおしてみましょう。また，ほかの人のつくった問題についても，よく読んで，仲間分けをしてみましょう」	・次時の予告をする。

その9　授業を実践してみること

　授業にあたっては，できれば参観者がいるとよい。また，ICレコーダーやVTR等で記録がとれれば，あとでの分析に役立つ。

　子どもに対しては，授業中，その反応に対してなるべく励ますように心がけるべきである。

第3段階（事後の処理のために）

その10　授業の実践における子どもの反応を分析してみること

　授業後に子どものつくった問題を一つ一つよく吟味してみることは大切である。また，あらかじめカテゴリーを決めてそれに対応させてみることも必要である。

　次ページの例がそれである。

　これは「正六角形の対角線は何本ありますか」という問題をもとにして，問題づくりをしたときのものを分析した表の一部である。たて軸に子どもを，横軸に反応の分類をとって一つ一つの問題を位置づけたものである。

その11　これまでの自分の授業と比較してみること

　実際に授業を終えたら，再び普段の授業との比較をしてみることも必要であろう。

　例えば，指導法について，あるいは子どもの様子についてなどである。

　平素活躍しない子どもが活躍したり，教師の子どもに対する評価も変わってくるかもしれないからである。

反応分類\児童番号	1(1)正多角形	1(2)多角形	1(3)n角形	ア(4)対称軸	ア(5)辺・頂点	ア(6)内角	ア(7)中心角	ア(8)面積	ア(9)周	2(10)部分の数	2(11)交点	2(12)三角形の数	イ(13)切った形	イ(14)正三角形・星形	イ(15)中心点を通る	イ(16)対称形か	ウ(17)等しい辺	ウ(18)拡大図	3(19)六角形・六面体	3(20)立体の面	4(21)対角線↓n角形	4(22)部分↓対角線	4(23)内角の和↓n角形	4(24)対角線の差	5(25)組み合わせ	6(26)その他	7反応総数	備考
1	1				1					1											1	1					5	
2	1											1														1*	3	*五角形になおす方法
3			1							1																	2	
4	1			1		1									1											4*	9	*中心点はどこ
5	1															1										4*	7	*しきつめ
6	1																								1		2	
7					1	1				1																1*	4	*2つの分ける方法は何通り
8	2																										2	
9																											0	
10	1																										1	
11	1			1	1	1																					4	
12	1																										1	
13	1	1														1											3	
14	1		2																								3	
15	1				1																						2	
16	1				1	1																					4	
17		1		1												1										4*	7	*正三角形の対角線は
18	4																										4	
19	2			1																							3	
				1	1		1	1																				

その12　問題づくりの授業の取り組みに対する反省をまとめること

　自分なりの実践で，この授業の長所・短所を考えてみることが大切である。また，数回の実践を繰り返したならば，普段の授業への影響を考えてみることもできよう。

　さらに，この授業によって従来のペーパーテストに見るような評価から少し離れた面の評価を考えていくこともできる。

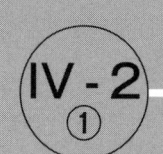

IV-2 ① 問題づくりの精神を生かす授業①

■式に表したり式を読んだりする活動
（1年＊数に対する豊かな感覚）

式について

　教科書の扱いでは，1年生が扱う式は，たかだか3口の計算である。たし算でいえば，「3＋4＋5」といった式である。このような式について，その働きを意識しながら，楽しい授業を展開する。

　式は何のために書かれるのか。

　学習指導要領解説書では次のように述べられている。

　「『式』は，算数の言葉ともいわれるように，事柄やその関係などを正確に分かりやすく表現したり，理解したりする際に重要な働きをするものである。」(p.47)

　また，このことをもう少し詳しく次のように解説している。

　「式には，2＋3，□×5，$x-5$ などのような式と，2＋3＝5，□×3＝12，$a×b＝b×a$ などのような等号を含む式がある。また，(単価)×(個数)＝(代金)のような「言葉の式」もある。最初の例については，例えば 2＋3 という式が，ある場面での数量についての事柄を表しているという見方ができることが大切である。また，等号を含む式については，例えば □＋3＝△，$x+3=8$ という式が，ある場面での数量の関係を表しているという見方ができることが大切である。」(p.51)（下線は筆者）

　ここにあるように，式は，「事柄」を表す場合と，「関係」を表す場合とがある。言葉をかえていえば，ある「状況」を表す場合と，考察の「過程」を表す場合といってもよい。子どもに合わせた言葉でいえば，場の「仕組み」を表す

ことと，考え方の「道筋」を表す場合ともいえよう。

🍀 まずは10個のピンの並び方から

　ボーリングのピンが図のように配置されているとしたら，「ピンの個数は10個」に違いないのだが，その並び方はこれだけでは表現されていない。これを「1＋2＋3＋4」としたらどうだろう。順に1個ずつ増えていく様子が式に表されていることになる。このような式の使い方も学習の材料にしてみたいと考える。

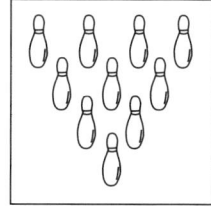

　そこで，あえてこのことを中核に据えて授業を行う。

　先のボーリングのピンの並べ方について，式を（1＋2＋3＋4）のように書いて説明できることはまず指導しておく。

　ボーリングのピンの並び方を見せて，「どのように並んでいますか」と聞けば，次のような答えが返ってくる。

「上から見ると，1個ずつ減って，4，3，2，1となっています」
「下から見れば，1，2，3，4と1個ずつ増えています」
「さかさまのさんかくに並んでいます」
「一つずつの隙間に下のピンが並んでいます」
「だから，4と2，3と1の並び方が同じです」
「斜めに見ても同じです」
「全部で10個です」
「下から順に，1＋2＋3＋4　となっていて，10個になります」

　このような言葉を一つずつ確認しながら，「この並び方を式で，1＋2＋3＋4　と表しておきましょう」と約束する。

式に表したり式を読んだりする活動（1年）　129

🍀 もしも12個になったら

　さて，今度は，おはじきを12個用意して，子どもに自由に並べ方を考えさせる。

（A君）

　「これは『タコ焼き並べ』です」
　「どんな式になりますか」
　「たてに見て，3＋3＋3＋3　になります」
　「横に見たら，4＋4＋4　になるよ」

（Bさん）

　「私のは，『うめの花』です」
　「その式わかった」「6＋6　でしょ」
　「真ん中の1に周りの5をたして，1＋5と1＋5になってるよ」
　「そうも見られるね」

（C君）

　「これは『富士山』です」「プリンのほうがわかるよ」
　「上から見れば，2＋4＋6　になります」
　「たてに見れば，1＋2＋3＋3＋2＋1です」「長い式だね」

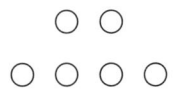

　ここまでは，並べた形を見ながら式をつくる活動である。

　今度は，その逆に「式」を見て，形を想像させる活動にも目を向けさせる。「先生が見て回ったら，こんな式の形がありましたよ。『3＋4＋5』です。この式を見て，どんな形か想像してごらんなさい」

　「こんなのだと思います」と，黒板にマグネットを貼って説明する。

「それもプリンみたいだ」
「富士山じゃなかったの」
「上から見た式なら，『3 + 4 + 5』ですね」

まだ学習はしていないが，一定の差で数が順に並んで，真ん中が4になっているということに意識が向くことは，将来『平均』の考えに結びつけられる考えだとも教師は心の中で思っていてもよいことである。

式で自分の考えを表す

今度は教師の考えた並べ方から少々高度な問題を考えさせる。
「では，今度は，先生がつくった並べ方はどのようなものなのか当ててもらいましょう」

このような投げかけで，袋に隠した図を少しずつ抜き出して見せる。

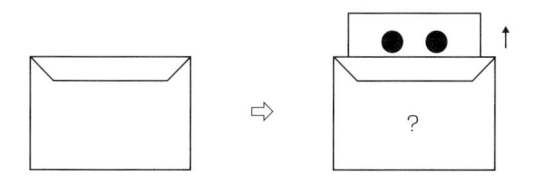

図の一部を見て全体を想像するのは子どもにとってクイズのような面白さがある。上の図を見ただけで，全体を想像してすぐにいろいろな発表がある。
（A君）「2 + 2 + 2 + 2 + 2 + 2　だと思います」

この子のイメージは下図のようである。

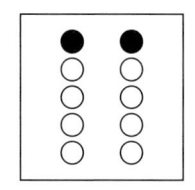

式に表したり式を読んだりする活動（1年）

（Bさん）「わたしは，2＋4＋6 だと思います」
　この子の考えたものは右図のようである。山をイメージするようなものである。

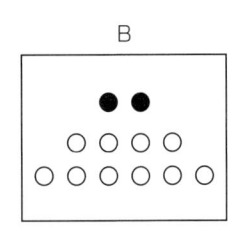

（Cさん）「2＋3＋2＋3＋2 じゃないかな」
　図のように，なかなか面白いアイディアを考えた。

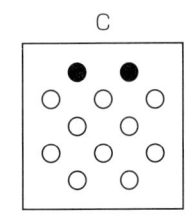

　このような予想を引き出しながら，徐々に図のカードを袋から引き上げていく。
　出てきた図は，次のようなものであって，Cさんが当たっていた。Cさんは大喜びである。

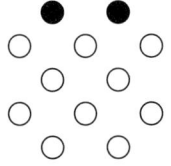

　そこで，今度は「第2問です。今度はわかるかな」と問いかけて，次の図のようにまた，2つの●が見えたところで子どもに聞く。

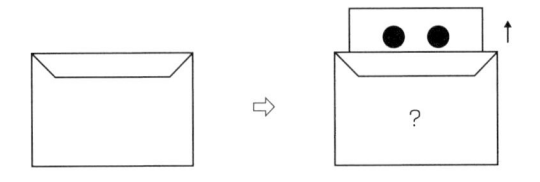

Ⅳ-2　問題づくりの精神を生かす授業

「前と同じだよ」「2＋3＋2＋3＋2　だよ」と言った声が聞かれる。
「そうかもしれませんが，どうでしょうね」
このようなことを言いながら，全体を見せると，「あっ，違うんだ！」と驚く。

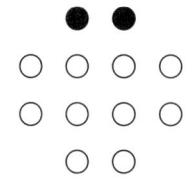

「これは，上から見て，2＋4＋4＋2　になります」
新しい式が登場した。
　しかし，まもなく「先生，それは，やっぱり前と同じだと思うんですけど……」という発言がある。
「どうして？」
「それを，斜めから見たら，さっきと同じように見えます」

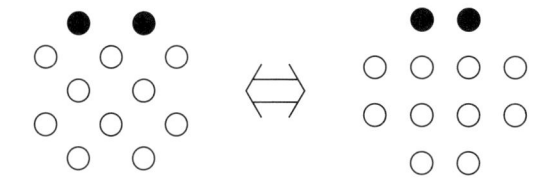

図を斜めにして見せると，みんなびっくりである。
「あっ，同じ並び方だ」
　実は，わざと見る方向によって同じになる並び方を用意したのである。
　見方によって，式も変わってくることに気付かせたかったのである。

🍀 自分で問題をつくってみる

「こんどは，こんな問題を自分でもつくってみましょう。」画用紙の表には絵を画いて，裏には，その並び方を表す式も書いておきましょう」と投げかける。
　このときに子どもが考えた図は，『個に応じた指導に関する指導資料－発展

式に表したり式を読んだりする活動（1年）　133

的な学習や補充的な学習の推進－（小学校算数編）』（文部科学省，平成14年11月，教育出版）に提供した。ここに再掲する。

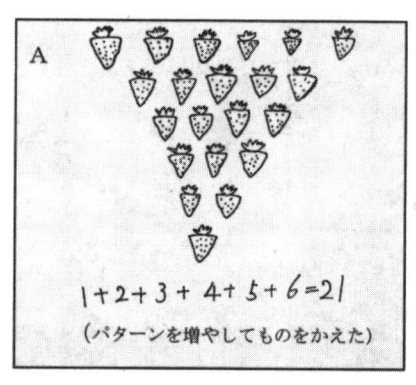

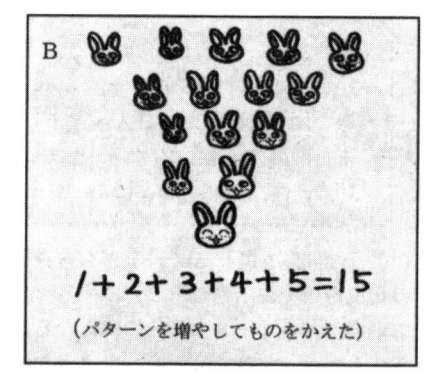

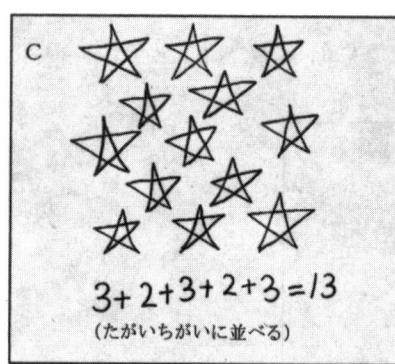

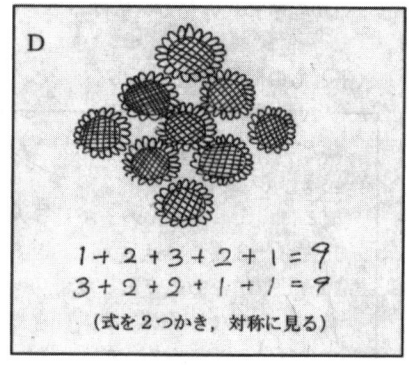

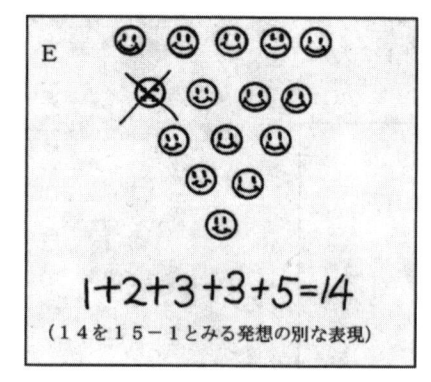

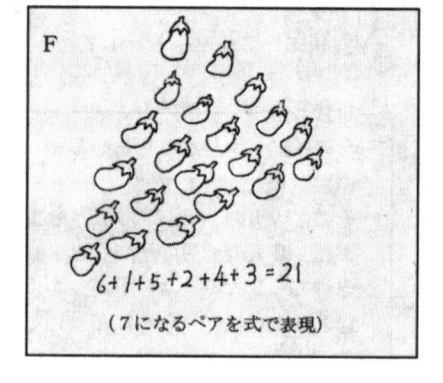

A 1＋2＋3＋4＋5＋6＝21
（パターンを増やしてものをかえた）

B 1＋2＋3＋4＋5＝15
（パターンを増やしてものをかえた）

C 3＋2＋3＋2＋3＝13
（たがいちがいに並べる）

D 1＋2＋3＋2＋1＝9
　　3＋2＋2＋1＋1＝9
（式を2つかき，対称に見る）

E 1＋2＋3＋3＋5＝14
（14を15－1とみる発想の別な表現）

F 6＋1＋5＋2＋4＋3＝21
（7になるペアを式で表現）

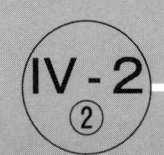

IV-2 ② 問題づくりの精神を生かす授業②
■九九表からきまりを見つける
（2年＊探究的な活動）

🍀「九九表のきまり」発見

「九九表に潜むきまりを発見するなどの探究的な活動」（学習指導要領解説 p.21）というのが示されている。

「九九表のきまり」はオープンエンド・アプローチの授業となり得る。様々なきまりが見出せるが，学年を超えてそれぞれの知識が深まるにつれて，発見するきまりも多くなる。教師の側でも，このことについて多様なきまりを見出しておくことは大切な教材研究であろう。

1	2	3	4	5	6	7	8	9
2	4	6	8	10	12	14	16	18
3	6	9	12	15	18	21	24	27
4	8	12	16	20	24	28	32	36
5	10	15	20	25	30	35	40	45
6	12	18	24	30	36	42	48	54
7	14	21	28	35	42	49	56	63
8	16	24	32	40	48	56	64	72
9	18	27	36	45	54	63	72	81

九九表の中で，「正方形の頂点に位置する4つの数の和がちょうど100になるところを見つけよう」といった課題を出したらどうだろう。

実は，全くオープンに「面白いきまりを見つけよう」と，子どもに投げかけたときに，「九九表の四隅の数を足すとちょうど100になっています」といった発見をすることがあった。このことから発想した，さらなる教材開発である。

四つの数で100になるところが

「九九表を見ている太郎君が，面白いことを発見しました。

それは，ちょうど四隅の数を合わせると100になったというのです。皆さんでこのことを確かめてみましょう」

こう言って，まずは，四隅の数の合計を計算させる。

「1＋9＋81＋9　になっていますね」

「工夫すれば簡単に求められます。1＋9で10，そして，81＋9で90，だから10＋90＝100　で，太郎君の見つけたきまりは合っています」

四隅の数の合計が100になることは案外早く確認される。この四隅がちょうど正方形の頂点に位置することも確認しておく。

①	2	3	4	5	6	7	8	⑨
2	4	6	8	10	12	14	16	18
3	6	9	12	15	18	21	24	27
4	8	12	16	20	24	28	32	36
5	10	15	20	25	30	35	40	45
6	12	18	24	30	36	42	48	54
7	14	21	28	35	42	49	56	63
8	16	24	32	40	48	56	64	72
⑨	18	27	36	45	54	63	72	(81)

ほかの場所ではどうか

では，正方形の四隅で合計が100になるところはここだけか。

このような発想が生まれる。

「ちょうど正方形の頂点のところにある数を合計したら100になりましたね」

このような発言をすると，もう子どもは考え出す。

先の連想から，1つ枠を縮めたところの正方形で考える子が登場した。

「その内側に正方形を考えれば，そこも100になっています」

「えっ，ほんとかな」

みんなで計算してみる。

　4＋16＋64＋16

「これも工夫すれば，簡単に答えられます」

「そうです。4＋16＝20　で，64＋16＝80　だから，20＋80＝100　になりました」

　また，四隅で100になるところを見出した。

　すると，つぎつぎに枠を縮めてその四隅に100を見出すことになる。

　これらの見方で，まずは100が4か所見つけられた。

　そうなると，「もっとほかにも100になるところが見つかるかもしれない」ということになる。

　こうなればしめたもので，次々と探しだせることになる。

　まさに探究的な活動。

　真ん中の25の周りをひし形状態に見て，四隅の合計が100になるところを見出すのも早い。

「20＋30＋30＋20＝100　です」

九九表からきまりを見つける（2年）　137

これを徐々に広げていくと，頂点が合計100になる正方形が4か所見つかった。

こうなれば，ほかにも合計100になるところがあるはずだと見通しがつく。

「正方形を斜めにして見ました」

これは発想の転換でもある。

するとやはり，その四隅に100になる場所が見出せる。

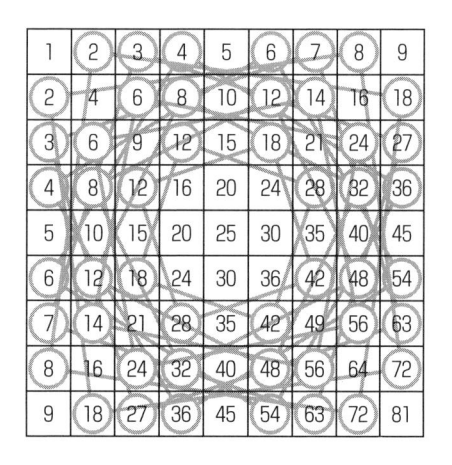

外側から，6か所，4か所，2か所となる。

だが，よく考えると，この見方の中には，先のひし形状態のものが入ってしまい，はじめの大きな正方形も中に含まれていることになる。

そのことを考えに入れて，改めて考えなおせば，外回りに8か所，その内側に6か所，さらに内側に4か所，2か所ということになる。そして真ん中の25だけが対象外ということがわかった。

138　Ⅳ-2　問題づくりの精神を生かす授業

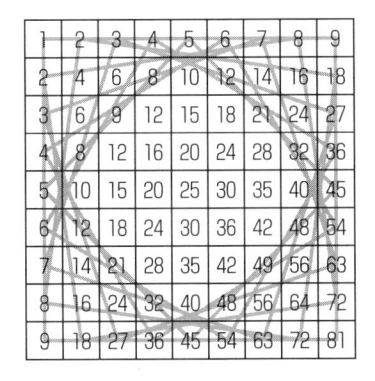

このことからわかったことは，九九表の中には，正方形の頂点の数が100となるところが，全部で20か所あったということである。

　真ん中の25が対象外とすれば，見方を変えて，九九表の数の合計は次のような計算で求められることに気付く。

　「100が20個で2000になり，真ん中の25だけが残る」ということである。式で表せば次のようになる。

$100 \times (8 + 6 + 4 + 2) + 25 = 2025$

　九九表の数の合計が2025となることの確認には，もっと別の多様な方法があるが，これもその一つに加えてもよいのではないだろうか。

九九表からきまりを見つける（2年）

なぜ正方形の頂点の数が100になっているのか

さて、このことから、「なぜ」このような正方形の頂点の数の合計が100になるかということも考えておきたい。もしも、高学年であれば、それも考えさせてみたいものである。

九九表の数の成り立ちを考えれば、たやすいかもしれない。

例えば、外側から3番目の内側の正方形の頂点の数で考えてみよう。

$$9 + 21 + 21 + 49$$
$$= (3 \times 3) + (3 \times 7) + (7 \times 3) + (7 \times 7)$$
$$= 3 \times (3 + 7) + 7 \times (3 + 7)$$
$$= (3 + 7) \times (3 + 7)$$
$$= 10 \times 10$$
$$= 100$$

このように考えれば、ほかの場合も全て100となることがわかる。

面白いと感じたことを、とことん追究していくことが、子どもの算数好きを増やすことになる。

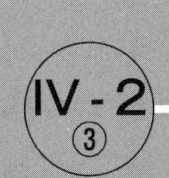

IV-2 ③ 問題づくりの精神を生かす授業③

■正三角形を使ったものづくり

（3年＊ものづくりの活動）

🍀 正方形から正三角形を作る

正方形の折り紙を使って正三角形を折って作る活動は，学習指導要領解説書（p.109）にも紹介されて，どの教科書にも掲載されている。

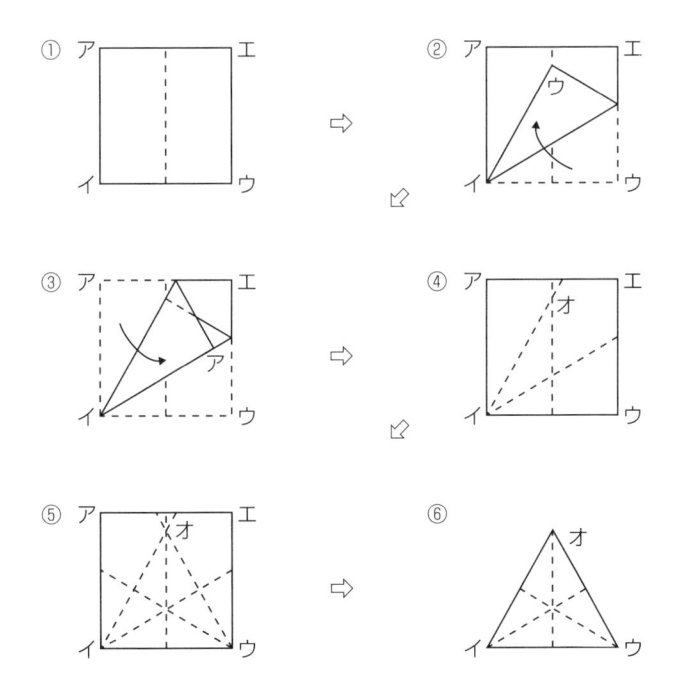

この折り方でできた三角形が，なぜ正三角形といえるのかがしっかりと論理的に説明されなければならない。

正三角形を使ったものづくり（3年）

「はじめの折り方で正方形の下の辺と三角形の右斜めの辺の長さが等しい。つぎの折り方で，正方形の下の辺と左斜めの辺の長さが等しい。だから，三角形の右斜めの辺と左斜めの辺の長さも等しい。これで三辺の長さが等しいことになり，この三角形は正三角形である」といえることが大切である。

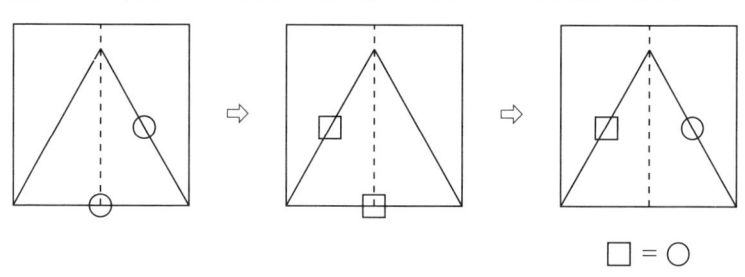

□＝○

🍀 封筒から正四面体

前述の正三角形づくりを，今度は「封筒」を使ってやってみることにする。本書Ⅲ－5では2枚の紙を使って作る方法を示したが，ここでは日常にある封筒を使う。

一般の封筒は「長方形」であるが，これでも作り方は同じである。

大きめの「角2」の封筒でやってみる。

手順はさっきと全く同じである。

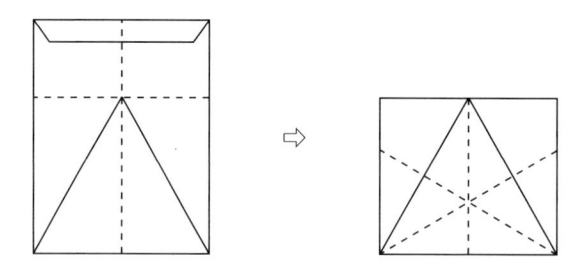

少し楽しい「ものづくり」の作業となるので，ここで作った正三角形の辺にあたる折り目に注目させ，この部分を山折り，谷折りのどちらにもなるようにしっかりと折り目をつけるように言う。子どもはまだ何を作ろうとしているの

142　Ⅳ-2　問題づくりの精神を生かす授業

かがわからないので，言われるがままにやっているだけである。

　さて，もう一つの注意は，できた正三角形の頂点の上はいらないので，この点を通る水平線で折っておくことにする。

　前ページの図のようになるはずである。

　ここで，すこし解説を加える。

「これは封筒なので，紙が二重になっています。したがって，ここにできている正三角形は，表と裏に同時に2つできていますね。

　そして，右と左には，逆三角形の半分が見えます。これは裏も続いていますから，左右に逆三角形が計2つ作られていることになります。

　このことから，いま手元にある封筒には，合計4つの正三角形があることがわかりました」

　こう言って，さらに「これは封筒なので4つの三角形がつながっています。中に空気を入れて広げると，あっという間に，ほら正三角形4つで囲まれた立体ができます」

　このような方法を教え，子どもにもやらせてみる。

　もうみんなびっくりで，とても面白がる。

　ここにできたのは，正三角形4個だけで囲まれている立体なので，これを「正四面体」と呼んでいる。

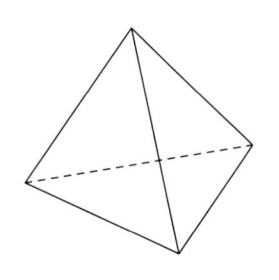

　日常一般にも，菓子の袋などに使われているのを見ることがある。駅の土産物店で焼き栗を土産に買ったら，この形の袋に入れてくれた。正四面体の袋などはちょっとしたお洒落でもある。

式に表したり式を読んだりする活動（1年）

🍀 カライドサイクル

　さて，今度は普通の封筒で，この四面体を作り，これをつなげた玩具づくりをする。正四面体ではなく，面が正三角形に近い二等辺三角形になっている四面体である。

　「長3」の封筒を3個セットで使う。

　図のように，まず封筒を半分に折って，そこに長方形を作り，この長方形を四面体状態にするのである。

①封筒の「横半分」と「対角線」にしっかりと折り目をつける。
　この折り目にそって封筒をふくらませる。（これを3つ作る）

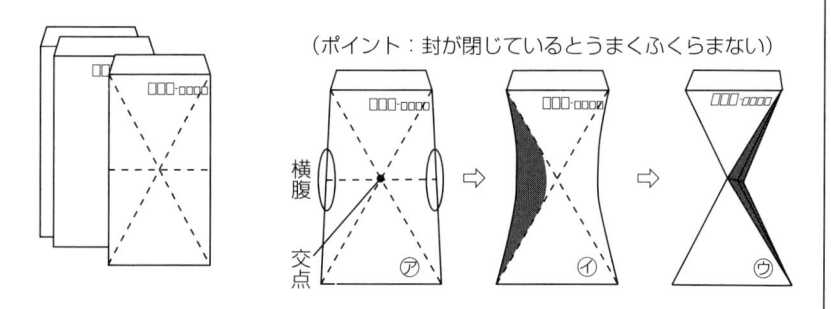

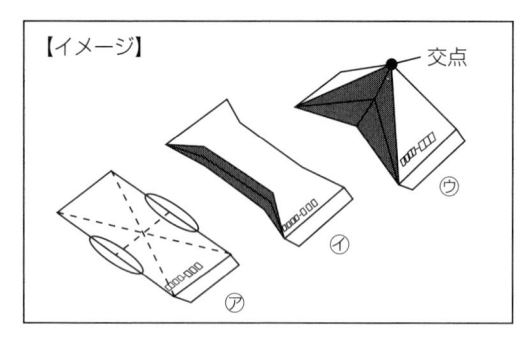

（ポイント：封が閉じているとうまくふくらまない）

横腹
交点
㋐　㋑　㋒

【イメージ】
交点
㋐　㋑　㋒

封筒の横腹を押し込み，「対角線」の交点を上下とも引っ張るようにふくらませる。

すると長方形だった封筒が，四面体2つが1辺を共有した立体に変わる。

②ここまできたら，封筒の封を閉じる。

③3つすべての封筒をたてに、輪になるようにつなぐと完成。
（表裏ともセロテープを貼る）

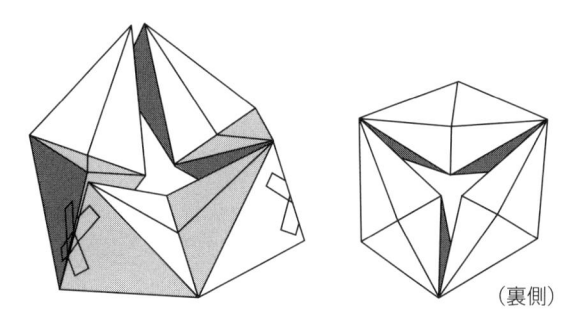

（裏側）

　1個の封筒で2個の四面体がつながって作られる。

　これを3枚の封筒ともに作る。

　そして，全体で6個の四面体を図のようにつなぐ。

　6個の四面体が1つの環になってつながることになる。

　すると，これが面白いことに，真ん中を押し付けるようにすると，ぐるぐると回転するのである。

　これを「カライドサイクル」と言う。「カラ」（美しい）「イド」（形の）「サイクル」（輪）というギリシア語である。

　子どもは，この回転面に，いろいろな絵を画いて楽しむ。4回転してもとに戻ることを発見すると，昆虫の好きな子は，そこに昆虫の変態，「卵→幼虫→さなぎ→成虫」の絵などを画く。また，「春→夏→秋→冬」の四季の様子を画いた子もいた。楽しいアイディアである。

サッカーボール

　こんどは，長方形の画用紙からの変身で，20人が組になって，サッカーボールを作る。

　まず「長方形」の画用紙を折って，「正三角形」を作る。折り方は，折り紙

正三角形を使ったものづくり（3年）　145

のときと同じである。

そして，この正三角形を各自切り抜く。

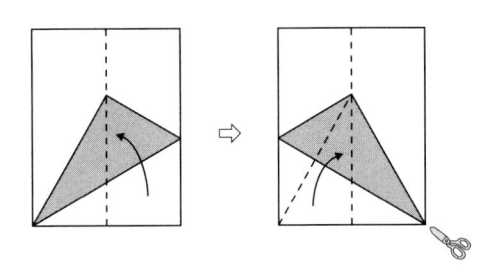

切り抜いた正三角形を，各頂点が中心に集まるように折り込む。
全体の形が「正六角形」になる。

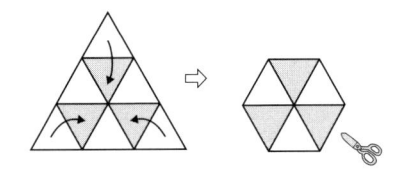

次に，隣りの子の作ったものとくっつける。
図のようになる。

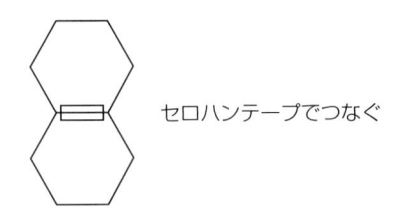

セロハンテープでつなぐ

さらに，正六角形が2個くっついた状態のものを10セット，図のようにつなげる。つまり，20個の正六角形がつながることになる。

こうなると，もう座席に座ってなどいられない。座席を離れて，広い場所を

使って作業をすることになる。

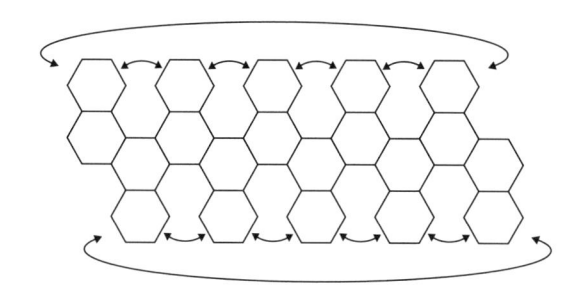

「なんだか蜂の巣のようだな」などといった声も聞こえる。
　ここまでできたら，さらに次の作業を要求する。
　それは，図を黒板に書いておき，上図のように，矢印で示すところをセロハンテープで貼るように言うのである。
　これまた，ワイワイ言いながら，セロハンテープを切る人，それをもらって貼る人などの作業分担をしながら進めていく。
　やがて，これは，平面ではうまくいかないことに気付き，立体ができるのではないかと予想するようになる。
　「なんだか，サッカーボールのような形になりそうだ」「サッカーボールの黒いところが穴になっている」等の声が出てくる。
　最終的に，「穴あきサッカーボール」の完成である。

正三角形を使ったものづくり（3年）　147

はじめの正三角形の紙が20枚あったので，完成した穴あきサッカーボールには「正六角形」が20個だとわかる。そして，穴の部分が「正五角形」になっているのだが，これが全部で12個ある。

　正三角形だけで組み立てられるのは「正20面体」であり，このボールは，その頂点部分12か所を切り取ったとも考えられるのである。

　これを「切隅20面体」という。サッカーボールはこの「切隅20面体」なのである。子どもにとっては，この作業に取り組むことで，サッカーボールの仕組みを体験的に知ることになった。

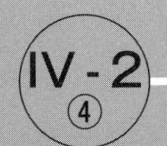

IV-2 ④ 問題づくりの精神を生かす授業④
■複合図形の面積を求める問題
（4年＊日常事象との関連）

どちらの面積が広いか

　長方形の面積の求め方を学習した。「長方形の面積＝たて×横」という公式ができた。これは（1cm²）のいくつ分かを求めることが基本の考えになっている。（1cm²）の正方形がたてに何個，横に何列並ぶかということが見えていることが肝要である。

　したがって，公式をつくる段階では，「長方形の面積＝（1cm²）×たて×横」となり，この1cm²が実際には，答えの数値には影響していないため，公式からは省かれるということになる。だから公式としては，「長方形の面積＝たて×横」だけが教科書に載っているのである。

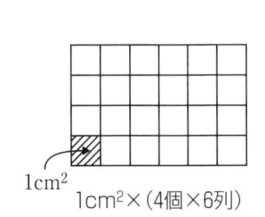

1cm²　1cm²×(4個×6列)　　1辺に並ぶ単位正方形(1cm²)の個数が，1辺の長さ(cm)と等しい　　4×6＝24

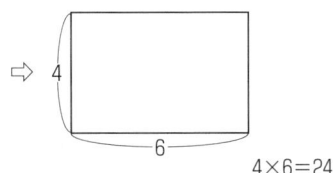

　このことを充分に把握して，この問題のような活用場面にいたる。
　まず，子どもの興味を喚起するために，画用紙で作った次のような長方形を見せる。そして，この長方形から図のように複合図形を抜き出して，その横に貼る。

複合図形の面積を求める問題（4年）

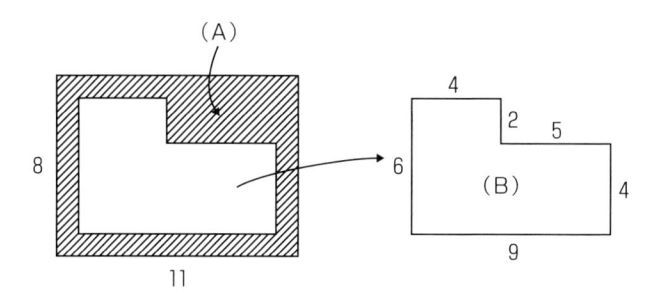

「さて，この枠の部分（A）と，抜き出したL字形（B）の面積ではどちらが広いかな」と聞く。

子どもは，「どちらが大きいか」という問いには敏感である。まずは直感で判断して，だれでも答えられるからである。

この場合も，すぐに，「Aのほうが大きい（A＞B）」とか，「Bのほうが大きい（A＜B）」とかを答えてくる。

しかし，ちょっと考えた子が，「でも，もしかしたら同じじゃないのかな（A＝B）」と，どちらでもない意思表示をする。

そんな声を聞くと，そういう答え方もあったのかと，意見を翻す子も出てくる。

いずれにしても，まずは自分の立場が決まって，その結果がどうなるものか強く興味をもつことになる。

早速，「先生，長さを教えてください」「計算して求めてみたい」と声が飛ぶ。

もう子どもの意欲ができてきたことがわかるから「では長さを教えよう」「でも，全部の辺の長さがわからなくても解けると思うがな……」などと，わざととぼけてみせると，また，手を挙げて「はじめの長方形は，たてと横がわかればいい」と言う。

「L字形は，こことここ」と言う子がいると思うと，別の子は「こっちのほうがいい」と議論になる。

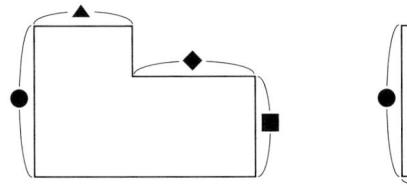

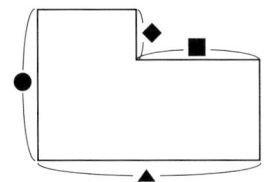

例えば，上図のようなところを求めてくる。両者が違うところの長さをほしがっている。

それぞれ，考えている求め方が違うのである。

なにも長さを言わないうちに，求め方の方法の議論が始まる。

それぞれに面白い解決方法が見えそうである。

🍀 L字形の面積の求め方いろいろ

まずは，L字形の面積を求めて，それを全体の長方形からひく。

注目すべき違いは，L字形の面積の求め方である。

（aさん）

$6 \times 4 + 4 \times 5 = 44 (\text{cm}^2) \cdots \text{B}$

$8 \times 11 - 44 = 44 (\text{cm}^2) \cdots \text{A}$

「この式を見て，Aさんの考えを説明できますか」と問う。

すると「それは，たてに切って2つの長方形に分けて考えたものです」と答えが返ってくる。右のような図を画く。

(6×4) が（ア）で，(4×5) が（イ）である。

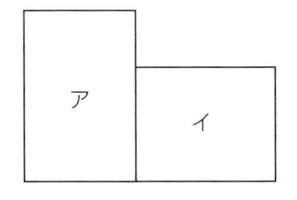

そして何よりも「あっ，（A）と（B）が同じになった！」と驚きの声である。実は，この問題では，わくの面積（A）と，L字形の面積（B）は，同じにな

複合図形の面積を求める問題（4年） 151

っていたのである。

(b君)

  $2 \times 4 + 4 \times 9 = 44(\text{cm}^2) \cdots \text{B}$

  $8 \times 11 - 44 = 44(\text{cm}^2) \cdots \text{A}$

「今度はどうかな」と聞けば,他の子が「それは,横切りだ」とすぐに気付く。(2×4)が(ウ)で,(4×9)が(エ)である。

(c君)

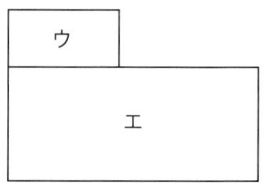

  $6 \times 9 - 2 \times 5 = 44(\text{cm}^2) \cdots \text{B}$

  $8 \times 11 - 44 = 44(\text{cm}^2) \cdots \text{A}$

「それは,ないところをあると考えて,全体を長方形にして,後からいらないところをひいたのです」と説明をする者が現れる。(6×9)が(オ)で,(2×5)が(カ)ということになる。

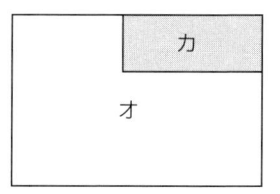

(dさん)

  $4 \times (9 + 2) = 44(\text{cm}^2) \cdots \text{B}$

  $8 \times 11 - 44 = 44(\text{cm}^2) \cdots \text{A}$

「それは,動かしたんじゃない？」すぐにこのような声が出てくるが,わからないで困惑顔の者もいる。

「もう少し,詳しく説明してくれる人はいるかな」と念押しする。

「たぶん,それは上の長方形を切って,横につなげたんだと思う。そうすれば,全体が1つの横に長い長方形になります」と続く。

「それなら,さっきのB君の横切り方法と同じだね」という声も聞かれる。

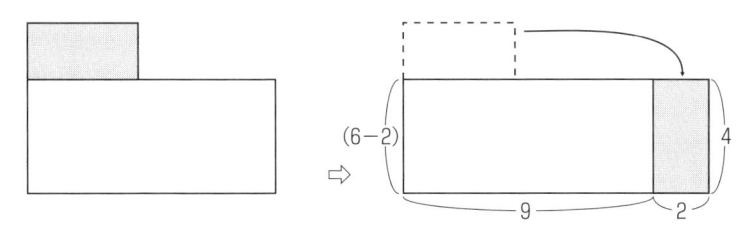

なかなかうまい方法だ。
　b君の方法と同じではないかという声を引き受けて，次のように式を変形して見せてやるのもよい。
　　　$2 \times 4 + 4 \times 9$
　$= 4 \times (2 + 9)$
　$= 44$

このように，いろいろな方法で面積を求めた結果，初発の問題は，A＝Bということがわかった。

🍀 「わかる」ということ

この問題で，子どもが「わかる」とはどういうことかについて考えてみたい。
　まず，**第一段階は，「答えがわかる」**ということだ。
　問題が提示されれば，その答えを求めたい。なんとか既存の知識で答えを求める。
　だからといって，一人一人が答えを求められれば，それでよしとして，授業は終わりということはない。
　教師は，その答えをどのようにして求めたかを聞く。
　第二段階は，「違いがわかる」ということだ。
　つまり，答えの導き方がいろいろあって，自分一人では考えられなかったような解き方をいろいろ知ることで，豊かな発想力がつくことになる。だから，授業では，「いろいろな解き方があったので，みんなで見てみましょう」ということになる。
　異なる解き方を見て，違いを知ることになる。

複合図形の面積を求める問題（4年）

先の例では,「たて切り方法（a）」「横切り方法（b）」「ない物をあるとしてあとから引く方法（c）」「移動する方法（d）」といった4つの違いが登場した。

一般に多く行われている授業はここで終わる。「1つの問題を解く方法はいろいろありましたね」というまとめになる。

しかし,子どもには,もっと深いわかり方を求めたい。

第三段階は,「**同じがわかる**」ということだ。

要するに,いろいろな考え方は見えてきた。その違いもわかった。しかし,もう少し詳しく見れば,そこに共通性があるということに気付く力もほしい。

先のL字形の面積については,どれにも共通のことがある。なんだろう。それは,面積を求めるときに使われている辺の長さ,その数値が4つであるということだ。

もっと,詳しくいえば,たてに2か所,横に2か所の数値が使われているということである。

このことを図から見てみると次のようになる。

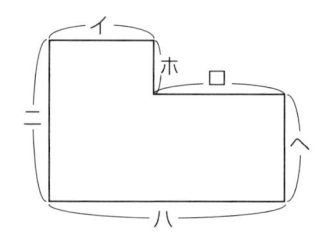

方法	横			たて		
	イ	ロ	ハ	ニ	ホ	ヘ
a	●	●		●		●
b	●		●		●	●
c		●	●	●	●	
d	●		●		●	●

154　IV-2　問題づくりの精神を生かす授業

さらにもっと深いわかり方もある。**第四段階は,「仕組みがわかる」**ということだ。

それは,この問題が,次のような面積を求める問題と同じ仕組みだと見抜ける力である。

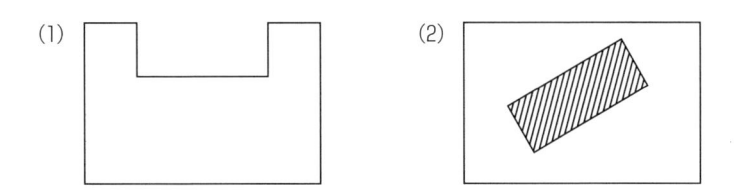

(1)　　　　　　　　　(2)

この(1)の問題は,凹型の面積で,これは凹んでいるところが,上の辺上にある。凹んでいるところがあるとして考え,あとでひけば,先の問題と同じ方法で解ける。先の問題は,この凹みが右上の頂点のところにあったと見られれば,同じ「仕組み」の問題と判断できる。

さて,こうした見方で見直すと(2)の問題はどうであろうか。

これは先の問題での凹み部分が,長方形の中に入ってしまった形だと見ればいい。難しそうな感じがするだけで,本質的に仕組みは同じなのである。このことに気付くような眼をもつ子どもにしたいものである。

複合図形の面積を求める問題(4年)

IV-2 ⑤ 問題づくりの精神を生かす授業⑤

■同じ面積の四角形を作る

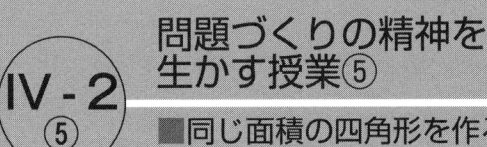

（5年＊問題づくり）

🍀 ジオボードを使って

図のような「ジオボード」がある。

ここに，教師が描く四角形と同じように輪ゴムで作らせる。

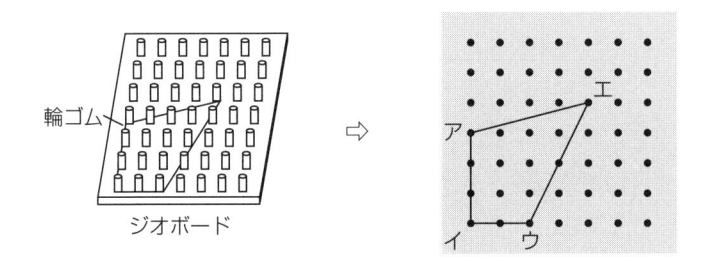

「さあ，今日はこの四角形をもとにして考えてみます。

この四角形と同じ面積の四角形を作ってみたいと思います」

こう発すると，早速，「じゃあ，この四角形の面積を求めなければならないね」と発言がある。

「では，ノートに，まずこの四角形の面積を求める式をかいて自分の考えを示し，その面積を求めてごらんなさい」

みんな，この面積を求め出す。

やがて「10になりました」と，そこここで声が飛び交う。ドットの間の長さを1としているだけなので，この面積の数値に特に単位をつけない。

求め方にもいろいろあるので，そのいろいろの方法を紹介する。

(a君)

　　3 × 2 = 6
　　2 × 2 = 4
　　6 + 4 = 10

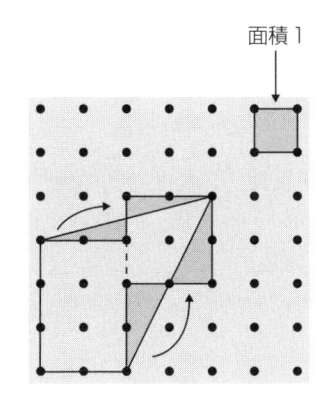

　これは，斜線の部分を移動して方眼を数えるようにして面積を求めている。

　格子点の間に直線を入れれば，方眼の単位面積のいくつ分かがわかりやすい。ちょうど左側が単位面積6個で，右上が4個になっているので，合計10となる。

　この考えの子は大勢いる。

(bさん)

　　4 × 4 = 16
　　1 × 4 ÷ 2 = 2
　　2 × 4 ÷ 2 = 4
　　2 + 4 = 6
　　16 - 6 = 10

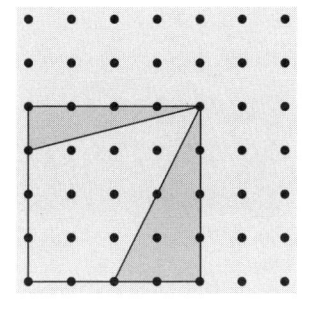

　これは，この四角形全体を囲むように大きな四角形（正方形）を考え，そこから不要な部分の三角形をひくという考えである。つまり，斜線部の三角形をひけば，求める四角形ができるわけで，ないものをあるとして考える方法である。

同じ面積の四角形を作る

　「さて，問題はこの面積，10単位の面積になっている別の四角形を，このジオボード上に作れるかということですが，どうでしょう」

「作れそうです」
「四角形と言ったっていろいろな四角形があります」
このような発言を引き受けて，さらに聞く。
「どのような四角形があるか，聞いてみましょうか。面積10の四角形ができるかどうかは後にして，皆さんが知っている四角形ってどんなのかな」
「正方形」「長方形」「平行四辺形」「ひし形」「台形」「凧形」「凹んだ四角形」「ただの四角形」
とにかく名前を知っている四角形が続々と登場する。これをきちんと板書しておく。
「では，こんなにいろいろ出てきたので，みんなで一緒に順に作ってみましょう」
「まずは，『正方形』から」
早速「正方形」作りに挑戦である。
しかし，しばらくしてもなかなか「できた」の声が出てこない。
「どうしましたか」
「正方形はできないんじゃないかな」
「そうだよ。できないよ」
「わかった。できっこないよ。だって，同じ数をかけて10になるのがないもの」
このような意見が出てくるので，「なるほど。正方形は，1辺の長さが同じだから，○×○＝10とならなければならないけれど，そうなる○がないってことだね」と，再度説明してやる。
これで，大半の子が，正方形はできないと思ってしまう。みんな正方形を安定した形で作ることを考えているからあきらめてしまうのである。この説明で考えれば，もしもできたならば，その正方形の1辺の長さ○は，かけたら10になる数ということになって，本当は不思議な数だということになる。$\sqrt{10}$ということに通じる内容なのであるが，小学生ではそこまでは無理である。
しかし本当は，このジオボード上にできるのである。
なかには，それでも「できるかもしれない」と頑張っている子がいるが，そ

んな子がたまに「できた！」と大きな声を上げることがある。

それは，正方形を斜めに作って発見したものである。図のような正方形である。

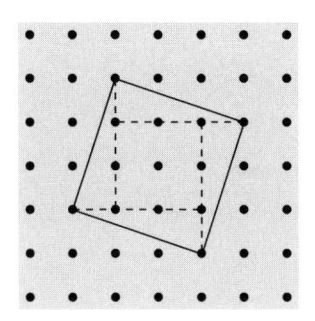

この正方形の面積が10cm^{2}になっていることはどのように説明できるか。

小学生なのでピタゴラスの定理を使うことはできない。そこで，マスの数を数えるという方法をとる。真ん中に正方形4マスをそのまま置いて，後は周りにできる直角三角形を手際よく数えればいい。ちょうど2つの三角形で3マスであるから，全部で6マス。先の真ん中の4マスと合わせればちょうど10マスということがわかる。

みんなができないと思っていた「正方形」ができたことには驚きである。

次に，「長方形」はどうか。

前の「正方形」の作り方に刺激されて，単純な水平状態の長方形ばかりではない，斜めに置かれた長方形が発表される。

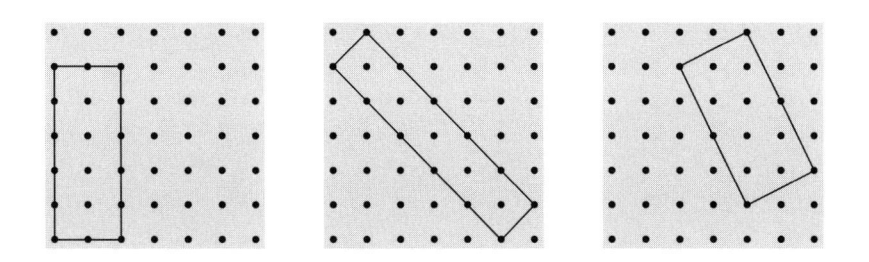

これらの長方形についても，それが面積10になっていることをマス目の数を数える方法で説明できる。正方形を作ったときの説明が印象的なものであったからであろう。

同じ面積の四角形を作る（5年）

さて，次は「平行四辺形」や「台形」であり，これらは，長方形からの変形を考えて簡単に作れる。底辺と高さが同じであれば，面積が変わらないので，このことを使った方法で作っていく子が多い。

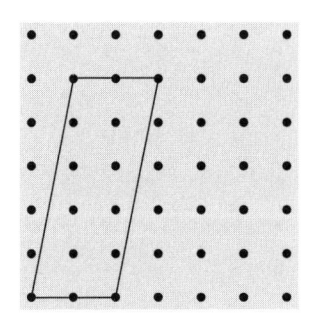

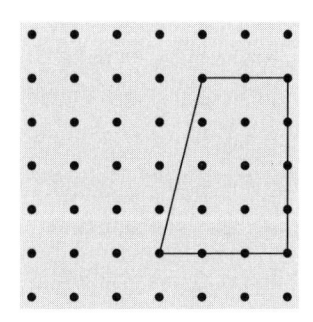

輪ゴムの移動だけで……

　そうこうするうちに，子どもの中に，ただ輪ゴムをいじっている子が見つかる。「何をやっているの」と問いかけると，「輪ゴムをかける位置がちょっと変わればできるんじゃないかなと思って考えてます」と言う。
　はじめの問題の四角形の頂点の1つを一マス分だけ動かしている。
　これをみんなに紹介してみる。
　「こうやって，別の四角形を作ろうとしている子がいるけれど，どうだろうね」と。
　これを見て，「違うと思います。だって，その四角形の面積を計算しても10にはなりません」と反論する。
　この場合は，あいにく10にはならないから，この反論は正しい。 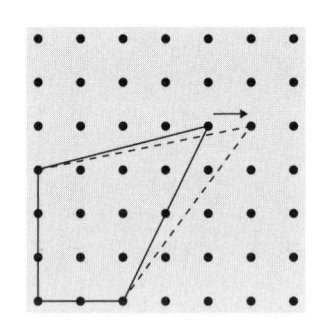
　しかし，このアイディアは生かせる。輪ゴムの頂点を少しだけ移動するとい

160　Ⅳ-2　問題づくりの精神を生かす授業

うアイディアである。

「この場合は，残念ながら10マスにはなりませんでしたが，この方法で10マスになるように作れませんかね」と投げかける。

ここでまた，みんなは考え出す。もしかしたら何とかなるのかもしれないと考えるからである。

しばし考えた子が「アの点を斜め右上に移動したら，面積10の『台形』になっています」と言った。

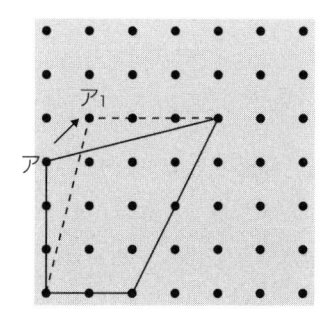

これをきっかけにして，「そのまま，もう1つ斜め右上に移してみたら，10になりそうだよ」とも言う。

つづけて，「それなら，もう1つ斜め右上に動かして見たら……」とも言う。

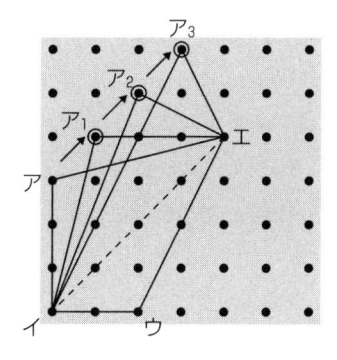

どうやら，この方法はうまくいきそうだ。

なぜだろうと，みんな考える。

なかなか，難しいので，少々ヒントを出してやる。「はじめの四角形に対角線を引いてみますよ」と言って，対角線を引く。そして，そこにできた左上の三角形だけを色チョークで囲んでやる。

同じ面積の四角形を作る（5年）

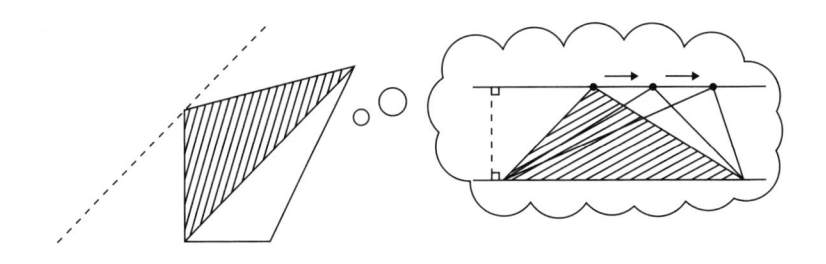

「あっ，わかった！」の声。
「同じ大きさの三角形のきまりだ」
「そこにできている三角形は，みんな，『同じ底辺』で，『同じ高さ』の三角形になっています」
　対角線を底辺と見たときに，そこにできる三角形の頂点が，底辺に平行移動していることの発見なのである。
　このことに気付くことができれば，もっとほかにもあることに気付かなければならない。
　案の定，手が挙がる。
「それならば，反対側の頂点を移動しても作れそうだね」

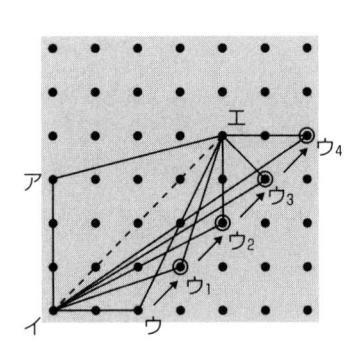

　このようなことで，たくさんの三角形が，計算をしなくてもできることがわかった。

さらに「別の対角線を引けば，またエの位置を変えることができます」とさらに発展的に考えてくれる子も登場する。

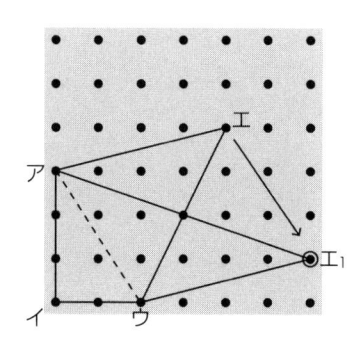

　これで，同じ面積の四角形が，ア₁～ア₃，ウ₁～ウ₄，エ₁の8種類も，計算をせずできた。
　はじめに発想した子はうまく作れなかったものの，みんなで考えるうちにこの発想は素晴らしいアイディアとなったわけである。

同じ面積の四角形を作る（5年）

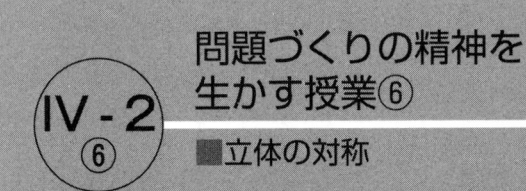

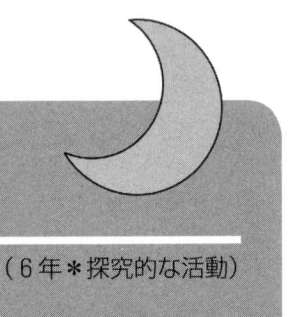

IV-2 ⑥ 問題づくりの精神を生かす授業⑥

■立体の対称　　　（6年＊探究的な活動）

🍀 4つの積み木で作れる立体

　同じ大きさの立方体積み木をたくさん用意する。

　一組4個として，机の上で，「積み木が4個つながった形をいろいろ作ってみよう」と投げかける。

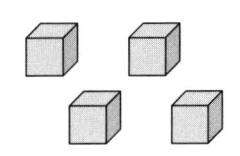

　このときに，面と面がぴったりくっついた状態にすることを注意する。

　グループで，同じものができないように次々と作っていく。

　セロハンテープで固定しながら作ると，案外作りやすい。

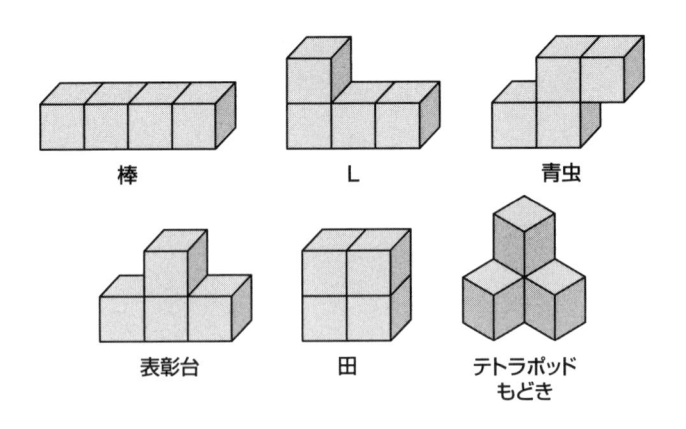

棒　　　　L　　　　青虫

表彰台　　田　　　テトラポッドもどき

できあがった形を「見取図」に画ければ素晴らしいと褒めると，画用紙に大きく見取図を画く。

それを黒板に発表してもらう。

それを見ながら，みんなで名前をつける。

前ページの図が，発表されたものである。「棒」「L」「青虫」「表彰台」「田」「テトラポッドもどき」の6種類については，みんなが認める。

同じ立体か，違う立体か

ところが，次の2個が大きな問題になる。

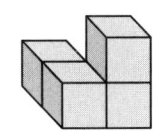

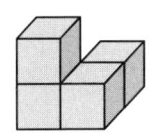

「これは同じ形じゃないか」

「どっちもねじれた形だけどね」

「でも……，どうやって動かしても，これは同じ形になりません」

「なるほど，これは問題だね。一体，この2つの立体は，同じなのだろうか，違うのだろうか」

問題をはっきりさせる。

これに対して，すでに各グループでも問題意識をもっており，いろいろな意見が登場する。

「なんだか『鏡に映った形』のように見えます」

「じゃあ，実際に鏡に映してみよう」

こうした意見のもとで，理科室で使われる鏡に映してみようということになる。

立体の対称（6年）

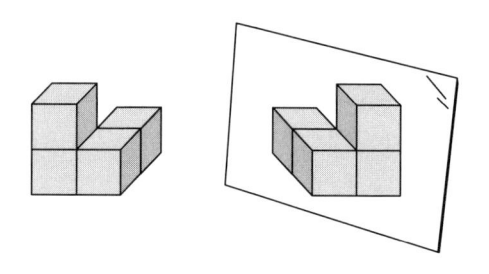

「あっ，本当だ。鏡に映った形が，もう一つの形だ」
「鏡に映った形としては『同じ』と見てもいいけれど，実際には，この場ではどう動かしても同じにならないから，『違う』形と言ったほうがいいんじゃないの」
「意見がまとまりませんね」
両者の意見が，なかなかまとまらない。
「この立体の名前を『ねじれ①』と，『ねじれ②』としたらいいんじゃないかな」
「『兄』と『弟』のほうがいいよ」
「それって，『違う』形だという意見なんだね」
「自分の『手』のようです。合わせれば左右が同じなんだけど，やっぱり違うから『右手』と『左手』と言っているんじゃないかな」
「右手は，鏡に映せば左手になっちゃうよ」
「同じと見たほうがいいのかなあ」
話し合いでは，結論が出ないが，「鏡に映せば『同じ』と見られる形」として納得されるところまではいく。
「平面で学習した『線対称』と同じようですね」と助言をすれば，「では，これは『面対称』と言ってもいいですか」と質問がある。
まさしく，これは『面対称』であり『鏡映』ともいわれる形である。

🍀 右手型と左手型

みんなの意見を聞いた後に,次のようなことをかみ砕いて話す。

以下は要旨である。

「この学習は科学に応用されています。

それは野依良治教授のノーベル賞受賞研究です。

分子の世界における『左』と『右』の問題で,有機化合物では,構成する原子の種類と数は同じでも,結合の仕方で左手と右手の関係のような区別が生じることがあります。これを鏡映体といいます。

1960年に催奇性が問題となったサリドマイド剤も,『右』には効果があるのに『左』には催奇性があり,両者が混在していたために被害を広げたのです。

このため,右手型と左手型の化合物の作り分けは科学者の夢でした。野依教授はこのような化合物の右手型と左手型を作り分ける方法を開発したのです。それに対してノーベル賞が贈られました」

この学習が,科学の学習と強く関連していることを説明すると子どもは真剣に聞いている。算数・数学の応用場面としてよい例となる。

🍀 5つの積み木で作った立体の「面対称」はどれか

では,この学習を発展して,積み木の数を5つに増やしてみよう。

この組み合わせの中に,『面対称』になる形はあるか,探してみようということになる。まさしく探究的活動である。

一人で考えるのは容易ではないが,大勢で形づくりをすれば,数え上げることも楽だし,同じ形か違う形かを探り出すことも楽しい。

ちなみに5つの立体をつないだ形は,次のようである。

p.168〜170の※印の形が,「面対称」になる別物があると子どもが判断したので,再度,鏡を使って確かめてみる。

ペントミノイズ23種

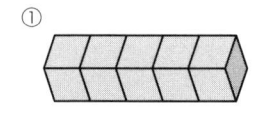

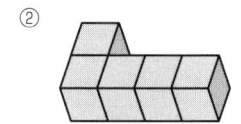

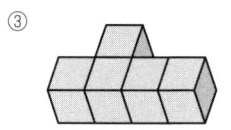

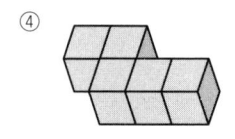

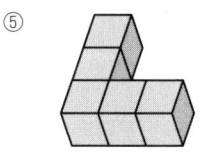

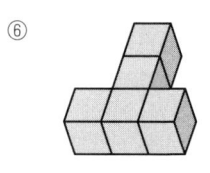

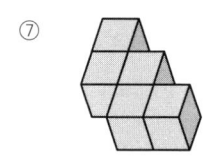

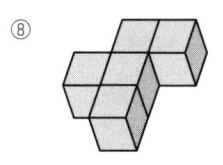

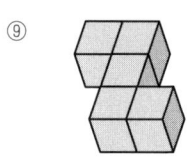

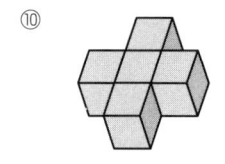

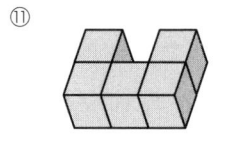

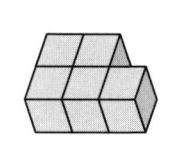

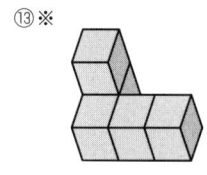

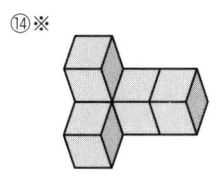

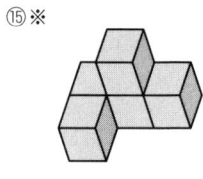

① ② ③
④ ⑤ ⑥
⑦ ⑧ ⑨
⑩ ⑪ ⑫
⑬※ ⑭※ ⑮※
⑯※ ⑰※ ⑱※

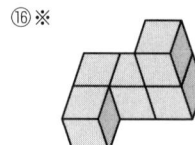

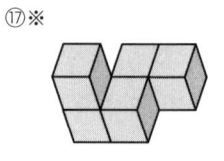

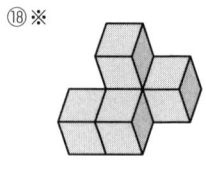

⑲　⑳　㉑

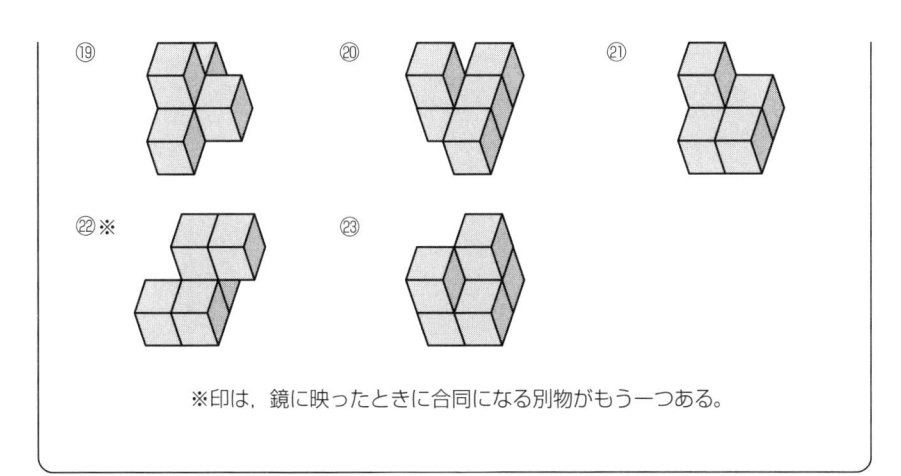

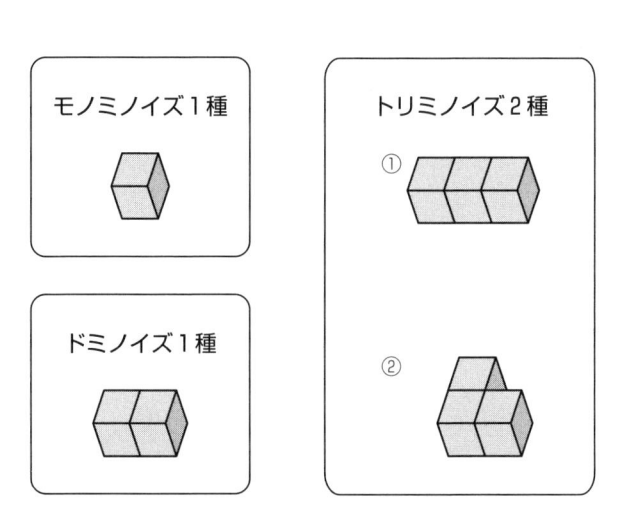

㉒※　㉓

※印は，鏡に映ったときに合同になる別物がもう一つある。

参考

モノミノイズ1種

ドミノイズ1種

トリミノイズ2種
①
②

立体の対称（6年）

テトロミノイズ7種

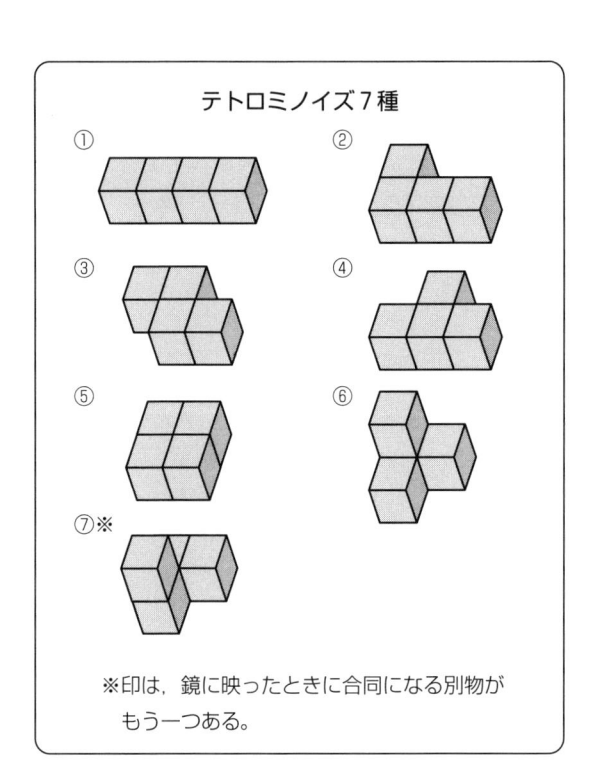

① ②

③ ④

⑤ ⑥

⑦※

※印は，鏡に映ったときに合同になる別物が
もう一つある。

■著者略歴
坪田　耕三（つぼた　こうぞう）
　1947年生まれ。青山学院大学文学部教育学科卒業。東京都世田谷区立深沢，松原小学校，筑波大学附属小学校，同校副校長，横浜国立大学教育人間科学部非常勤講師（併任）等の勤務を経て，現在，筑波大学教授。早稲田大学教育学部非常勤講師。
　第32回読売教育賞受賞。元日本数学教育学会常任理事。前全国算数授業研究会会長。ハンズオン・マス研究会代表。『指導と評価』編集委員。NHK学校放送算数番組作成協力者。
　JICA発展途上国支援（理数科教育）協力者。「研数学館」算数・数学教育セミナー企画協力者。
　平成11年小学校学習指導要領算数科作成協力者。教育出版教科書「算数」著者。『個に応じた指導に関する指導資料－発展的な学習や補充的な学習の推進－（小学校算数編）』（文部科学省，販売教育出版）作成協力者。
　主な著書に，『追究を楽しむ算数の授業－私の教育実践』（教育出版），坪田式算数授業シリーズ①『算数楽しく授業術』，②『算数楽しくハンズオン・マス』，③『算数楽しくオープンエンド』（教育出版），『楽しく優しく学級づくり』（教育出版），『和顔愛語』（東洋館出版），ほか多数。

坪田式　算数授業シリーズ④
算数楽しく　問題づくり

2012年2月20日　初版第1刷発行

著　者　坪田耕三
発行者　小林一光
発行所　教育出版株式会社
　　　　〒101-0051　東京都千代田区神田神保町2-10
　　　　TEL 03(3238)6965　FAX 03(3238)6999
　　　　URL http://www.kyoiku-shuppan.co.jp/

Ⓒ K.Tsubota 2012 printed in Japan　　　印刷　神谷印刷
ISBN 978-4-316-80125-4　C3037　　　　　製本　上島製本
編集協力　千葉ちよゑ